मानव उपयोगी पेड़

अरुणोदय प्रकाशन

21-ए, अंसारी रोड, दरियागंज, नयी दिल्ली-110002

मानव उपयोगी पेड़

रमेश के. खान

ISBN : 81-88473-95-2

अरुणोदय प्रकाशन

4695, 21-ए, दरियागंज, नयी दिल्ली-110002

द्वारा प्रकाशित

प्रथम संस्करण : 2011

मूल्य : 250.00

आर.टेक. ऑफसेट, दिल्ली-110032

द्वारा मुद्रित

MANAV UPYOGI PED

by : Ramesh K. Khan

अनुक्रम

1

राष्ट्रीय अर्थव्यवस्था में वनों का महत्त्व

वनों का महत्त्व भारतीय जीवन के लिए कितना महत्त्वपूर्ण है यह इस बात से स्पष्ट होगा—अग्निपुराग में कहा गया है–"एक वृक्ष दस पुत्रों के बराबर होता है, और पुत्र भी वह जिससे भूमि को आर्द्रता, शीतल वायु, छाया मिलती है, भूमि का अपरदन रुकता है तथा खाद के लिए शुष्क पत्तियाँ मिलती है और खाने के लिए अनेक प्रकार के कन्द–मूल फल। ऐसा पुत्र जिसकी देखभाल 5 वर्षों तक करनी पड़ती है, उसके उपरान्त उसे न दूध की आवश्यकता होती है और न परिचारिका की।"

वनों में ही सभ्यता का जन्म, उसका विकास एवं फलना–फूलना हुआ है। जहाँ कहीं इनका विकास रूक जाता है, वहीं अन्ततः शुष्कता का साम्राज्य होकर मरुस्थलों की उत्पत्ति हो जाती है।

प्रत्यक्ष लाभ–भारत जैसे कृषि प्रधान देश में वनों का महत्त्व बहुत अधिक है जैसा कि निम्न तथ्यों से स्पष्ट होगा–

(1) वनों का भारत के आर्थिक जीवन में बड़ा स्थान है। 1978–79 में देश की राष्ट्रीय आय का लगभग 44.7% कृषि उद्योग से प्राप्त हुआ है। इसमें 2.2% वन सम्पत्ति द्वारा मिलता है अर्थात् लगभग 583 करोड़ रुपया।

(2) भारतीय वन, चरागाहों के अभाव में, लगभग $5\frac{1}{2}$ करोड़ पशुओं को चराने की सुविधा प्रदान करते हैं। पशुओं की चराई के अतिरिक्त वन प्रदेश अनेक प्रकार की कन्द–मूल फल भी प्रदान करते हैं जिन पर गरीबों की जीविका निर्भर करती है।

(3) वन लगभग 36 लाख व्यक्तियों को प्रत्यक्ष रूप से दैनिक व्यवसाय देते हैं। ये लोग लकड़ी काटने, लकड़ी चीरने, गाड़ियाँ ढोने, नावें, रस्सी, बान आदि तैयार करने तथा गोंद, लाख, राल, कन्द–मूल–फल आदि एकत्रित करने में लगे हैं। वन क्षेत्र लगभग 2.5 करोड़ आदिवासियों का निवास–स्थान है

और उनके जीवनयापन का महत्त्वपूर्ण साधन है।

(4) वनों से सरकार को काफी आय होती है। 1949–50 में सरकार को वनों से शुल्क के रूप में 11.2 करोड़ रुपये, 1966–67 में 4 करोड़ रुपये तथा 1969–70 में 98 करोड़ रुपये प्राप्त हुए और 1973–74 में 11 करोड़ रुपये तथा 1977–78 में 217 करोड़ रुपये।

(5) वनों से जो गौण उपज प्राप्त होती है उसका मूल्य 1949–5 में 5.7 करोड़ रुपये, 1964–65 में 15.8 करोड़ रुपये और 1969–70 में 29.5 करोड़ रुपया था। इसके अतिरिक्त इन वर्षों में क्रमशः 172 करोड़, 59 करोड़ और 15.5 करोड़ की लकडी भी वनों से प्राप्त की गयी। 1971–72 में यह मूल्य क्रमशः 52 करोड़ और 99 करोड़ रुपये और 1977–78 में यह मूल्य 149 करोड़ रुपया था।

आम, साखू, सागवान, शीशम, देवदार आदि लकड़ियों से घर, मकान, दरवाजे, चौखट, कृषि के औजार, जहाज, रेल के डिब्बे, फर्नीचर बनाये जाते हैं।

मुलायम लकड़ियों से कागज और लुग्दी, दियासलाई, प्लाइवुड, तारपीन का तेल, गंधा–बिरोजा आदि वस्तुएँ प्राप्त की जाती है।

इमारती लकड़ियों के अतिरिक्त जलाने के काम आने वाली लकड़ियाँ (धावड़ा, खैर, बबूल आदि) वनों से ही प्राप्त होती है।

(6) भारत से प्रतिवर्ष लगभग 4 करोड़ रुपये मूल्य की लकड़ियाँ, 7 करोड़ रुपये का कागज और उससे बनी वस्तुएँ निर्यात की जाती हैं।

अप्रत्यक्ष लाभ-उपर्युक्त प्रत्यक्ष लाभों की अपेक्षा वनों से होने वाले अप्रत्यक्ष लाभ बहुत होते हैं–

(1) वनों से नमी निकलती रहती है जिससे वायुमण्डल का तापमान गिर जाता है, जलवायु में लाभदायक परिवर्तन हो जाता है और वर्षा होती है।

(2) वन वर्षा के जल को स्पंज की भाँति चूस लेते हैं अतः निम्न प्रदेशों में बाढ़ का अधिक भय नहीं रहता है और जल का बहाव धीमा होने के कारण समीपवर्ती भूमि का अपरदन भी रुक जाता है।

(3) वन प्रदेश वायु की तेजी से रोककर बहुत से भागों को शीत अथवा तेज बालू की आँधियों के भय से मुक्त कर लेते हैं।

(4) वे वर्षा के जल के भूमि में रोक देते हैं और धीरे–धीरे बहने देते हैं। इससे मैदानी भाग के कुँओं का जल तल से अधिक नीचे नहीं पहुँच पाता।

(5) वनों के वृक्षों से जो पत्तियाँ सूखकर गिरती हैं वे धीरे–धीरे सड़–गलकर मिट्टी में मिल जाती हैं और उसको अधिक उपजाऊ बना देती हैं।

(6) वन सुन्दर एवं मनमोहक दृश्य उपस्थित करते हैं और देश के प्राकृतिक सौन्दर्य में वृद्धि करते हैं। अतएवं वे देशवासियों में सौन्दर्य भावना जागृत करते हैं और उन्हें सौन्दर्य एवं प्रकृति प्रेमी बनाते हैं।

(7) घने वनों में कई प्रकार के कीड़े–मकोड़ें तथा छोटे–छोटे असंख्य जीव–जन्तु रहते हैं जिन पर बड़े–बड़े जीव अपना निर्वाह करते हैं। भारतीय वनों में कई प्रकार के शाकाहारी (बारहसिंघा, हिरन, साँभर, बैल, सुअर) तथा मांसाहारी (तेंदुआ, रीछ, शेर) जीव रहते हैं जिनका शिकार कर बहुत से व्यक्ति अपना पेट पालते हैं। भारतीय वनों में लगभग 50 किस्म के अन्य पशु पाये जाते हैं।

इनके लिए भारत में कई राष्ट्रीय उद्यान संरक्षित रखे गये है; जैसे–कारबेट (उत्तर प्रदेश), कान्हा और बन्धोगढ़ (मध्य प्रदेश), तरोबा (महाराष्ट्र), पालामऊ और शिवपुरी, मनास (असम), जबलपुर (मध्य प्रदेश), सरिस्का, भरतपुर, उदयपुर और रणथम्भौर (राजस्थान), काजिरंगा (पश्चिमी बंगाल), पेरियर (केरल), और दचीगाम (कश्मीर) प्रसिद्ध है।

श्री क्लटर बफ के शब्दों में, "वन राष्ट्रीय सम्पत्ति है। आधुनिक सभ्यता को इनकी बड़ी आवश्यकता है। ये केवल जलाने की लकड़ी ही नहीं देते प्रत्युत हमारे उद्योग धन्धों के लिए कच्चा माल और पशुओं के लिए चारा भी प्रदान करते हैं। किन्तु इनका अप्रत्यक्ष महत्त्व सबसे अधिक है।"

मानव की तीन मूलभूत आवश्यकतायें—भोजन, कपड़ा तथा अवास हैं। इनकी पूर्ति पौधों से होती है। पौधे पर्यावरण का संतुलन बनाये रखने तथा स्वच्छ रखने का कार्य करते हैं। पौधे पृथ्वी पर मुख्य उत्पादक हैं। यदि पृथ्वी से सभी पौधों को समाप्त कर दिया जावे तो सम्पूर्ण सजीव इस सृष्टि से समाप्त हो जायेंगे। पर्यावरण में पौधों व प्राणियों के मध्य इस प्रकार का सामन्जस्य व सम्बन्ध होता है कि सम्पूर्ण पारिस्थितिक तंत्र संतुलित अवस्था में रहता है।

खाद्य के रूप में पौधों से अनाज प्राप्त होता है। अनाज वाले पौधे-गेहूँ, जौ, चावल, मक्का, बाजरा व ज्वार होते हैं। चना, उड़द, मूँग, मटर, अरहर, मसूर व राजमा जैसी दालें भी पौधों से मिलती हैं। इनमें पर्याप्त प्रोटीन्स होते हैं। सोयाबीन की दाल में सर्वाधिक प्रोटीन मिलते हैं तथा डायबिटीज के रोगियों को सोयाबीन की दाल को खाने की सलाह दी जाती है। पौधों से ही फल, तरकारियाँ, पेय पदार्थ, चीनी व तेल प्राप्त होते हैं। पौधों से कई प्रकार के मसाले हल्दी, लहसून, मिर्च,

धनिया, सौंफ, जीरा, अजवाइन, काली मिर्च, लौंग प्राप्त होते हैं।

सरसों, सूरजमुखी, मूँगफली, सोयाबीन तथा नारियल के तेल का उपयोग खाद्य सामग्री को पकाने में करते हैं। अरण्डी का तेल अखाद्य होता है जिससे दवाई, साबुन, लुब्रिकेंट बनाये जाते हैं। अनेक पौधे औषध महत्त्व के होते हैं, जैसे—अश्वगंधा, सफेद मूसली, सर्पगंधा, मुलैठी, सतावर, अनन्तमूल, पुनर्नवा, अर्जुन, कुनैन, हल्दी, अदरक, अड़ूसा, तुलसी, ब्राह्मी, ग्वारपाठा, भृंगराज, बेलाडोना, सफेदा, गूगल, चिरायता, अफीम, आँवला, गोखरू, धतूरा तथा कौंच आदि। कुछ पौधों से रेशे प्राप्त होते हैं जैसे वस्त्र बनाने के कपास तथा जूट, पटसन, सन, मूँज, अलसी, सेमल, रामबाँस से रस्सियाँ, बोरियाँ, टाट, सूतली बनाई जाती हैं। खुरदरी बुनाई के रेशों से टोकरियाँ, चटाइयाँ तथा कुर्च रेशों से झाड़ू तथा ब्रश बनाये जाते हैं। रेशों से गद्दे, तकिया, रजाइयाँ भरी जाती है। अनेक पौधों से काष्ठ प्राप्त होती है, जिनमें इमारती व ईंधन काष्ठ मुख्य हैं काष्ठ उत्पादक वृक्षों में सागवान (सागौन), टीक, शीशम, रोहिड़ा (मारवाड़ टीक), खेजड़ी, बबूल, नीम, आम, काला शीशम, सिरस, रौंज, टून, काग, महोगनी, चीड़, देवदार मुख्य हैं।

पौधे और पशुओं की उत्पत्ति के संबंध में विद्वानों का मानना है कि इनका प्रादुर्भाव मानव के ही आस–पास हुआ है, इसीलिए मानव को इन दोनों का सहोदर कहा जाता है। परन्तु वर्तमान युग में अपने सोचने–समझने की शक्ति के कारण मानव चर–अचर का मालिक बन गया है। प्रकृति के उपदान के रूप में जन्में पौधे–पशु और मानव लाखों वर्षों से प्रकृति की गोद में पलते आ रहे हैं। इनकी उत्पत्ति विकास, अन्तप्रक्रिया और पृथ्वी तल पर वितरण प्रतिरूप एक रोचक और रहस्मय घटना है। आज भी जैव जगत का सबसे पराक्रमी और बौद्धिक क्षमतावान सदस्य मानव है। अपनी बौद्धिकता के कारण मानव प्राणी जाति का अगुआ बन गया क्योंकि इसमें सामाजिक संगठन, तकनीकी विकास और चातुर्य का अद्भूत गुण है। अपने इन गुणों के कारण मानव समाज में पौधों और पशुओं को पालतू बनाकर अपनी शक्ति और संगठन में अभूतपूर्व बढ़ोतरी कर लिया है। इन्हीं गुणों के कारण मानव को सामाजिक प्राणी कहा गया है।

2

जीवन में वृक्षों की उपयोगिता

वृक्ष देते स्वच्छ वायु।
सुखी जीवन लम्बी आयु॥
आओ मिलकर वृक्ष लगायें।
इस धरती को स्वर्ग बनायें॥

प्रकृति की अनेकानेक अभिव्यक्तियों में मनुष्य सर्वांगीण सुन्दर, सर्वोत्तम तथा सर्वाधिक आश्चर्यजनक रचना है।

प्रकृति के इस अद्‌भुत और विलक्षण व्यक्ति की महान् सम्पत्ति है— सुन्दर स्वास्थ्य। स्वस्थ व्यक्ति के लिए इस विश्व में न कुछ दुर्लभ है और न असम्भव। संसार के समस्त सुख और वैभव स्वस्थ व्यक्ति के संकेत मात्र से एकत्रित हो जाते हैं। इसलिए प्रत्येक व्यक्ति को अपने शरीर को स्वस्थ बनाये रखने का पूर्ण प्रयत्न करना चाहिए। इससे पूर्व की व्यक्ति इसे खोकर पछताये या पुनः प्राप्त करने का प्रयत्न करें, बुद्धिमानी इसमें है कि वह आरम्भ से ही स्वास्थ्य के प्रति सचेत रहे और स्वास्थ्यप्रद नियमों का जीवन पर्यन्त पालन करे।

यदि किसी व्यक्ति के पास रूप-गुण, धन-दौलत, विद्या-बुद्धि, सुन्दर पत्नी, अच्छी नौकरी, मान-सम्मान, मनोरंजन के असीमित साधन और हास-विलास की प्रचुर सामग्री भी हो तो क्या वह स्वास्थ्य के अभाव में इनका उपभोग कर सकता है? एक अस्वस्थ व्यक्ति के लिए भौतिक और पारिवारिक सुखों के उपभोग की बात तो अलग, वह तो धार्मिक और राष्ट्रीय कर्त्तव्यों का निर्वाह भी यथावत नहीं कर सकता।

सामान्यतः स्वास्थ्य का अर्थ रोग मुक्त या स्वस्थ शरीर से लिया जाता है। जिसका शरीर बिना थके काम कर सकता है, चल-फिर सकता है, मेहनत-मजदूरी कर सकता है, भोजन पचा सकता है और जिसकी इन्द्रियाँ तथा मन स्वस्थ है; वह व्यक्ति निरोग या तन्दुरुस्त कहा जाता है। स्वास्थ्य के अर्थ को और स्पष्ट करने के लिए कुछ परिभाषाओं पर विचार करना उपयुक्त रहेगा।

प्राचीन समय से ही भारतीय समाज वृक्षों तथा वनों के पोषण को महत्त्व देता रहा है। वैदिक युग में हमारा जीवन चार आश्रमों में विभाजित था। चौथी अवस्था वानप्रस्थ की थी, जहाँ व्यक्ति को अपने जीवन के 25 वर्ष व्यतीत करने होते थे। वनों से ही मनुष्य की प्राथमिक आवश्यकता की पूर्ति होती थी। ऊर्जा स्रोतों के महँगे होने तथा घरों में ईंधन की पूर्ति और फर्नीचर के उपयोग ने वृक्षों को काटने की परम्परा डाली। हम लोभ में पड़कर, बिना विचारे वनों को काटने लगे। परिणामस्वरूप प्रकृति में पर्यावरण संतुलन बिगड़ गया और प्रदूषण की एक नवीन समस्या हमारे सामने आई। आज हम ही नहीं, वरन् सम्पूर्ण विश्व पर्यावरण प्रदूषण के निराकरण के उपाय खोजने में संलग्न है। ऊर्जा के पारम्परिक साधन सीमित हैं, उनका संरक्षण और संवर्द्धन अनिवार्य है। अत: वृक्षारोपण हमारी प्राथमिक आवश्यकता है।

2. वृक्ष और वनों की आवश्यकता—वृक्ष प्रकृति के शोभाकारक धर्म हैं। इनसे प्रकृति की रमणीयता में चार चाँद लग जाते हैं। दैनिक परेशानियों में व्यस्त मानव को उसकी सुखद छाया में बैठने से जो अलौकिक आनन्द मिलता है, वह वर्णनातीत है। हमारे ग्रन्थों में वृक्षों को पवित्र माना गया है। आज भी पीपल, बड़, तुलसी, केला आदि की पूजा होती है। नीम और कीकर के पेड़ों का तो आयुर्वेद में भी गुणगान किया जाता है।

मनुष्य के अस्तित्व की रक्षा के लिए वृक्ष अत्यावश्यक हैं। वृक्ष ही मिट्टी के मुख्य रक्षक हैं। वे आँधियों के वेग को रोकते हैं। मिट्टी को उड़ने से बचाते हैं। पर्वतों को स्थिर रखते हैं। वायु को शुद्ध व शीतल बनाते हैं। वनों से पशु-पक्षियों की रक्षा होती है। वे वर्षा के कारक भी हैं। जहाँ वृक्ष अधिक होते हैं, वहाँ वर्षा अच्छी होती है। वर्षा हमारे कृषकों का जीवन है। वर्षा से हमारी कृषि अच्छी होती है और जल आपूर्ति में सहयोग मिलता है।

वृक्षों से ही भूमि का क्षरण रुकता है। उसकी उर्वरता बनी रहती है। विभिन्न प्रकार की वनस्पतियाँ, जड़ी-बूटियाँ और औषधियाँ हमें इन्हीं से मिलती हैं। वृक्षों की पत्तियाँ खाकर हमारे पशु जीवित रहते हैं। वृक्षों से हमें ईंधन और ईमारती लकड़ी प्राप्त होती है। गोंद, कागज, दियासलाई, रबर, अनेक प्रकार के तेल, सूखे मेवे, मसाले, सब्जियाँ और स्वादिष्ट फलों के आधार वृक्ष ही हैं। यदि वृक्ष नहीं होंगे तो उद्योग किसके सहारे जीवित रहेंगे ? इनके न होने से कितने व्यक्ति बेरोजगार हो जाएंगे और हमारे जीवन का क्या स्वरूप बनेगा ?

3. वनों का अनियमित कटाव—बड़े दु:ख की बात है कि थोड़े से आर्थिक लाभ के कारण हम वनों की अनियमित कटाई करते जा रहे हैं। नगरों के विस्तार के कारण आस-पास की भूमि के वृक्षों को काटा जा रहा है। शहरों में सड़कों के विस्तार की योजना से भी मार्ग के बीच में आने वाले वृक्षों को काटना आवश्यक हो जाता है। ग्राम विकास

के नाम पर वृक्षों का नाश हो रहा है। नए वृक्ष लगाने की ओर किसी का ध्यान नहीं है। केवल वन महोत्सव के नाम पर वर्ष में एक दिन या एक सप्ताह तक इस पर चर्चाएँ होती हैं। कुछ वृक्ष लगाने का अभिनय भी होता है, पर उनके सार-संभाल की कोई व्यवस्था नहीं की जाती है। परिणाम भी सामने हैं—रेगिस्तान का विस्तार हो रहा है, धूल भरी आँधियाँ चलती हैं—पर्वतीय भूमि का क्षरण, नदियों की बाढ़ इसी के दुष्परिणाम हैं। किसी ने सत्य ही कहा है—

देखो इस मानव को, मचा रहा है तांडव।
वन जो संरक्षक हैं, काट रहा बन उनको दानव॥

4. वृक्षारोपण के लाभ—प्रकृति का प्रत्येक कार्य संतुलित और व्यवस्थित है। यदि उसमें जरा भी व्यवधान उत्पन्न करने का प्रयास किया गया तो उसके भयंकर दुष्परिणाम हो सकते हैं। अतः आवश्यक है कि वनों के अनियमित कटाव को रोका जाए जिससे कि भूमि का क्षरण रुक सके और बाढ़ पर नियंत्रण पाया जा सके। गाँवों में यदि वृक्षारोपण होगा तो ग्रामवासियों को उनसे ईंधन मिलेगा, फल मिलेंगे, पशुओं के लिए हरा चारा मिलेगा, हरे चारे को खाकर पशु अधिक दूध देंगे। वातावरण में शीतलता और शुद्धता रहेगी, जिससे वर्षा होगी, जब मिट्टी स्थिर रहेगी पहाड़ों का स्खलन रुकेगा, नदियों में बाढ़ नहीं आयेगी और रेगिस्तान का विस्तार रुक जायेगा। इस प्रकार एक से अनेक कार्य स्वतः ही सिद्ध होते चले जायेंगे। वृक्ष प्रकृति के शोभाकारक धर्म हैं। वृक्षों की सुरक्षा और संरक्षण से मानवीय सुरक्षा का विस्तार होता है, पर्यावरण सन्तुलित रहता है, अन्न, जल और वायु का नियमित क्रम स्वतः ही चलता रहता है। देश के हजारों हाथों को रोजगार मिलता है। अनेक उद्योग-धन्धे केवल वनों पर आश्रित हैं। अतः वृक्षारोपण आज की अनिवार्यता है।

घर आँगन में पेड़ लगाओ, वातावरण को स्वर्ग बनाओ।
स्वच्छ बने तन-मन-संसार, धरती पर हों जब पेड़ अपार॥

3

पर्यावरण संरक्षण में वृक्षों का महत्व

वर्तमान में पारिस्थितिकी समस्याओं के कारण सम्पूर्ण मानव जगत् को अनेक दुविधाओं का सामना करना पड़ रहा है। मानव समाज की अनुक्रियाएँ पारिस्थितिकी अवनयन के लिए उत्तरदायी हैं। औद्योगिक क्रांति के कारण उत्पन्न भौतिकवादी संस्कृति ने पारिस्थितिकी संकट को उत्पन्न किया है। पारिस्थितिकी अवनयन से उपजा संकट सम्पूर्ण विश्व को आन्दोलित कर रहा है। पर्यावरण अवनयन के लिए भौतिक व मानवीय दोनों कारक उत्तरदायी हैं। मानवीय कारकों का पारिस्थितिकी तंत्र में हस्तक्षेप बीसवीं शताब्दी में अपनी चरम सीमा पर पहुँच गया है। इस कारण पर्यावरण संरक्षण मानव समाज के लिए चिन्ता का विषय बना हुआ है। पर्यावरण संरक्षण मूलतः बीसवीं शताब्दी की देन है। इस शताब्दी में पृथ्वी के सीमित संसाधनों का अविवेकपूर्ण उपयोग हुआ है, जिसके परिणामस्वरूप प्राकृतिक संसाधन समाप्त एवं नष्ट होते जा रहे हैं, पर्यावरण प्रदूषण की समस्या ने विकराल रूप धारण कर लिया है। इस समस्या के कारण बाढ़, सूखे एवं मरुस्थलीकरण जैसी समस्याएँ उत्पन्न हो रही हैं। मुख्य रूप से निम्न कारकों के सम्मिलित प्रभाव से पर्यावरण संरक्षण की आवश्यकता उत्पन्न हुई है—

1. भौतिकवादी-उपभोगवादी विचारधारा
2. जनसंख्या विस्फोट, निर्धनता एवं अज्ञानता
3. वैज्ञानिक-प्राविधिक ज्ञान का द्रुत गति से विकास
4. प्राकृतिक वनस्पति का विनाश
5. अनियंत्रित खनन
6. अनियंत्रित औद्योगिक विकास एवं साधनों का दुरुपयोग
7. अनियंत्रित नगरीयकरण
8. यातायात के साधनों का अनियंत्रित विस्तार
9. ऊर्जा के साधनों का दुरुपयोग।

इन तथ्यों से स्पष्ट है कि पारिस्थितिकी तंत्र की प्रक्रियाओं में अनावश्यक हस्तक्षेप करके मनुष्य ने केवल अपने लिए ही नहीं अपितु समस्त जैव मण्डल के लिए संकट

आमंत्रित कर लिये हैं। अत: यह आवश्यक है कि हम वैज्ञानिक ज्ञान का विकास करते हुए पर्यावरण के रहस्यों का अनावरण करें तथा उसके साथ सहयोग करें ताकि समस्त जैव मण्डल के लिए कोई नया संकट उत्पन्न नहीं हो। इसलिए पर्यावरण का संरक्षण आवश्यक है। प्राकृतिक सम्पदा का उपयोग अच्छे सुनियोजित ढंग से करें ताकि भविष्य में भी ये साधन हमें निरन्तर मिलते रहें। संरक्षण के दो प्रमुख उद्देश्य निम्न हैं—

(1) पर्यावरण के उत्पाद, उनके नवीकरण व नैसर्गिक सौन्दर्य को बनाये रखने वाले वातावरणीय गुणों के परिरक्षण को सुनिश्चित करना।

(2) उत्पाद व नवीकरण के बीच ऐसा सन्तुलन स्थापित करना है ताकि निरन्तर उपयोगी पौधे, जन्तु व पदार्थ प्राप्त हो सकें।

हमारे ऋषियों ने पर्यावरण के घटकों को देवता घोषित कर उनके प्रति सम्मान का भाव उत्पन्न किया। हिन्दू जीवन दर्शन में प्रकृति को मातृरूप मानकर उसके मर्यादित दोहन पर जोर देने के पीछे प्रकृति के एकत्व के भाव को स्वीकारना ही था। इस सम्बन्ध में यह सूत्र उल्लेखनीय है—

ईशावास्यमिदम् सर्वम् यत्किंच जगत्याम् जगत्।
तेन त्यक्तेन भुञ्जीथाः मा गृधः कस्यस्विद्धनम्॥

अर्थात् सम्पूर्ण जगत् ईश्वरमय है, सभी में ईश्वर का वास है, अत: त्याग के बाद उपभोग करना चाहिए। यह सूत्र न्यूनतम उपभोग को महत्त्व देता है। पर्यावरण संरक्षण आज विश्व स्तर पर मुख्य मुद्दा बन चुका है। भारतीय प्राचीन मान्य विचारधाराओं के विपरीत, पश्चिम की विचारधारा प्रकृति के संसाधनों का जमकर उपभोग किये जाने की रही है। पश्चिमी विचारधारा के प्रबल हो जाने से प्राकृतिक असन्तुलन उत्पन्न हुआ है। इसी से प्रदूषण व प्राकृतिक विपदाओं की समस्यायें उत्पन्न हुई हैं।

पर्यावरण संरक्षण के उपाय—इस सम्बन्ध में अनेक अन्तर्राष्ट्रीय सम्मेलन हुए हैं। इनमें से एक पृथ्वी सम्मेलन (1992 में ब्राजील के रियो-डी-जेनेरियो में) में 100 राष्ट्राध्यक्षों के हस्ताक्षरों से 27 सिद्धान्तों की घोषणा की गई जो पर्यावरण संरक्षण की दृष्टि से अधिक महत्त्वपूर्ण हैं। हमें संरक्षण हेतु निम्न उपाय करने आवश्यक हैं—

(1) वृक्षारोपण को बढ़ावा देना व वन विनाश को रोकना।

(2) उपभोक्तावादी विचारधारा में तत्काल प्रभावी परिवर्तन करना।

(3) स्वचालित वाहनों ट्रक, कार, बस, दुपहिया के अनावश्यक प्रयोग पर रोक लगाना।

(4) प्लास्टिक सामग्री एवं पैकिंग पदार्थों के स्थान पर अपघटनशील पदार्थों का विकास व उपयोग करना।

(5) संकटग्रस्त वन्य जीवों व पादप जातियों का संरक्षण करना।

(6) पर्यावरण शिक्षा का ज्ञान व इसके महत्त्व का व्यापक प्रचार करना। शिक्षा के

साथ इसके पाठ्यक्रम को जोड़ना।

(7) बच्चों को पर्यावरण संस्कार देना।

जैव-भू-रासायनिक चक्र—प्रकृति में प्रत्येक पदार्थ की निश्चित मात्रा होती है। विभिन्न प्रकार के तत्व चक्रीय रूप में एक जीव से दूसरे जीव में स्थानान्तरित होते रहते हैं तथा पुनः प्रकृति में लौटते रहते हैं। इसे खनिज प्रवाह कहते हैं। इस प्रक्रिया में जीव, वायुमण्डल व भूमि भाग लेते हैं। इसी कारण इन चक्रों को सामूहिक रूप से जैव-भू-रासायनिक चक्र कहते हैं। प्रकृति में मुख्य रूप से निम्न चक्र चलते हैं—

(1) जलचक्र—जल जीवन हेतु अति आवश्यक है। पृथ्वी पर उपस्थित जल का 97% समुद्र में उपस्थित लवणीय जल है। 2% पहाड़ों व ध्रुवों पर बर्फ के रूप में जमा है। शेष 1% जल ही जलचक्र के रूप में जीवों के उपयोग हेतु उपलब्ध है। पृथ्वी पर स्थित जलाशयों से जल वाष्पित होकर वायुमण्डल में जाता है तथा वायुमण्डल में ठण्डा होकर, बादल व जल के रूप में संघनित होकर वर्षा, हिम, ओस व ओलों के रूप में पुनः स्थलमण्डल पर आकर जलाशयों में पहुँच जाता है। यही जल भूमि की गहरी परतों में जाकर **भौम-जल** कहलाता है।

जीव जल को लेते हैं। वह वाष्पोत्सर्जन, उत्सर्जन द्वारा बाहर आता है। इस प्रकार पृथ्वी पर जल-चक्र चलता रहता है।

(2) ऑक्सीजन चक्र—जैविक क्रियाओं के लिये ऑक्सीजन एक आवश्यक तत्व है। मुख्यतः जीवों के श्वसन क्रिया में उपयोग में ली जाती है। वायुमण्डल में 20% आणविक ऑक्सीजन है। श्वसन के अतिरिक्त यह अजैविक जगत् में CO_2 या H_2O के रूप में रहती है। CO_2 के एक अंश के रूप में यह मृत जीवों के अपघटन में भी निकलती है। प्रकाश संश्लेषण में लिये गये प्रत्येक CO_2 अणु के बदले में एक अणु O_2 मुक्त होती है। श्वसन में जितनी O_2 एक जीव लेता है, उतनी ही CO_2 बाहर निकाल देता है।

(3) कार्बन चक्र—जीवों का शरीर कार्बनिक यौगिकों से बना होता है। इसके अतिरिक्त कार्बन CO_2 के रूप में स्थल मण्डल में तथा शैलों में कार्बोनेट के रूप में पाया जाता है। हरे पौधे कार्बन को CO_2 के रूप में लेते हैं व भोजन बनाते हैं। पादप द्वारा संश्लेषित कार्बन यौगिक, शाकाहारियों द्वारा मांसाहारियों को प्राप्त होता है। जीवों के श्वसन से मुक्त हुई CO_2 पुनः वायुमण्डल में चली जाती है। काष्ठ व जीवाश्म ईंधन के जलने से मुक्त हुई CO_2 भी वायुमण्डल में चली जाती है। भूकम्प या अन्य प्राकृतिक आपदाओं से वनों के बड़े क्षेत्र भूमिगत होकर कालान्तर में यह कार्बनिक मृत शरीरों का विशाल ढेर, कोयला व तेल (जीवाश्म ईंधन) में बदल जाता है। मानव द्वारा पुनः इसे ईंधन के रूप में जलाने पर फिर यह कार्बन चक्र में आ जाता है।

(4) नाइट्रोजन चक्र—N_2 वायुमण्डल में गैस के रूप में 79% होती है। किन्तु

पौधे इसका गैस के रूप में उपयोग नहीं कर पाते हैं। पौधे N_2 को मृदा से नाइट्रेट के रूप में प्राप्त करते हैं। अनेक सूक्ष्म जीव सहजीवी व असहजीवी के रूप में वायुमण्डलीय नाइट्रोजन का यौगिकीकरण करते हैं। नाइट्रोजन तत्व का नाइट्रोजन के यौगिक में बदलना नाइट्रोजन का स्थिरीकरण या यौगिकीकरण कहलाता है।

N_2 का यौगिकीकरण बिजली कड़कने से भी होता है। मटर कुल के पौधों की जड़ों से बनी ग्रन्थिकाओं में स्थित राइजोबियम एक सहजीवी जीवाणु, नीली-हरी शैवाल, जीवाणु एजोटोबेक्टर व क्लॉस्ट्रिडियम की जातियाँ असहजीवी N_2 यौगिकीकारी होती हैं।

इस प्रकार वायु की N_2, नाइट्रेट के रूप में मृदा में उपलब्ध रहती है। पौधे इसको अवशोषित कर एमीनो अम्ल व प्रोटीन बनाते हैं। जीव की मृत्यु होने पर जीवाणु व कवक तथा अन्य सूक्ष्म जीव अपघटित कर मुक्त नाइट्रोजन या अमोनिया गैस के रूप में N_2 वायुमण्डल में चली जाती है। भूमि में उपस्थित विनाइट्रीकारक जीवाणु नाइट्रोजन यौगिकों को नाइट्रोजन के रूप में बदल देते हैं जो फिर से वायुमण्डल में चली जाती है।

4

वृक्षों में आनुवंशिक गुण

पौधों में जीनी रचना में परिवर्तन करना ही आनुवंशिक विविधता कहलाती है। पादपों की नई किस्मों के निर्माण की यह प्रथम प्रक्रिया है। इसे निम्न विधियों द्वारा प्राप्त कर सकते हैं—

(1) जनन द्रव्य संग्रह—किसी फसल या उससे सम्बन्धित जातियों में पाये जाने वाले सभी जीनों को उस फसल का जनन द्रव्य कहते हैं। जनन द्रव्य वह सामग्री है, जिससे उन्नत किस्मों का निर्माण किया जाता है, अतः सफल प्रजनन के लिए उपयोगी जनन द्रव्यों के संग्रह की आवश्यकता होती है।

(2) उत्परिवर्तन—किसी भी जीव के गुणों में आकस्मिक एवं वंशागत परिवर्तन को उत्परिवर्तन कहते हैं। यह निम्नलिखित से उत्पन्न हो सकता है—गुणसूत्र संरचना परिवर्तन, गुणसूत्र संख्या परिवर्तन। उत्परिवर्तन को प्रेरित करने वाले कारक उत्परिवर्तजन होते हैं। ये दो प्रकार के होते हैं—**(i) रासायनिक उत्परिवर्तजन,** जैसे—एथिल मिथेन सल्फोनेट (EMS) एवं सोडियम एजाइड, **(ii) भौतिक उत्परिवर्तजन**—जैसे एल्फा किरणें, गामा किरणें एवं पराबैंगनी किरणें आदि।

(3) संकरण—आनुवंशिक विविधता निर्माण की यह सबसे अधिक उपयोग में आने वाली विधि है। इसमें भिन्न जीन प्ररूप वाली व्यष्टियों के बीच संगम को संकरण कहते हैं।

(4) बहुगुणिता—पादप स्पष्ट केन्द्री होते हैं जो प्रायः अगुणित या द्विगुणित होते हैं या फिर बहुगुणित होते हैं। किसी जाति की कायिक कोशिकाओं में जीनोम की दो से अधिक प्रतियाँ उपस्थित होने की स्थिति को बहुगुणिता कहते हैं।

(5) जीन अभियांत्रिकी—हेर-फेर युक्त DNA के विकास एवं अनुप्रयोग को जीन अभियांत्रिकी कहते हैं। इसमें पुनः संयोजी DNA का उपयोग होता है। जब दो विभिन्न स्रोतों से प्राप्त DNA को जोड़ा जाता है तो प्राप्त DNA श्रृंखला पुनः संयोजी DNA कहलाती है। इसी के द्वारा ट्रांसजीनी जीव या पराजीनी जीव बनाये जाते हैं। जब किसी जीव में अन्य जाति के जीन को स्थानान्तरित कर दिया जाए तो इससे बने संकर

जिसमें स्थानान्तरित किये गये जीन के सभी गुण उपस्थित हों तो उस जीव को ट्रांसजैनिक या पराजीनी जीव कहते हैं।

(6) प्रोटोप्लास्ट संलयन—यह कायिक संकरण है, इसमें विभिन्न किस्मों या जाति की कायिक कोशिकाओं के जुड़ने से कायिक संकर बनते हैं। प्रक्रिया में पेक्टिनेस व सेल्यूलेस की सहायता से कोशिका भित्ति का पाचन कराया जाता है। अब जीवद्रव्य से घिरे कोशिका द्रव्य को प्रोटोप्लास्ट कहते हैं। इस प्रोटोप्लास्ट से चुने हुए जनकों का प्रोटोप्लास्ट का संलयन करवाते हैं।

पादप ऊतक द्रुसंवर्धन

(1) पादप संवर्धन—इसमें पादप के नवोद्भिद् का संवर्धन किया जाता है।

(2) भ्रूण संवर्धन—पौधे से पृथक् किये गये भ्रूण को संवर्धन के पोष माध्यम में रखा जाता है।

(3) अंग संवर्धन—पौधों से पृथक् किये गये जैसे मूलाग्र, प्ररोह, शीर्ष, पुष्पों आदि का संवर्धन किया जाता है।

(4) ऊतक संवर्धन—कोशिकाओं व ऊतकों का संवर्धन किया जाता है।

(5) जीवद्रव्यक संवर्धन—पृथक् किये गये जीवद्रव्य का संवर्धन किया जाता है।

संवर्धन के लिये सबसे पहले सम्पूर्ण सामग्री को सूक्ष्म जीवों से रहित करते हैं अत: इसे रोगाणुनाशक भाप, शुष्क ताप या एल्कॉहॉल से उपचारित करते हैं तथा फिर पोष पदार्थ पर कर्तोतक को रखते हैं। भ्रूण, ऊतक, नवोद्भिद, जीवद्रव्य या अंग ये सभी पृथक् किये गये कर्तोतक ही होते हैं। पोष पदार्थ में वृद्धि नियामक पदार्थ भी मिलाया जाता है।

पुनरुद्भवन—पुनरुद्भवन में संवर्धित कोशिकाओं से व्यवस्थित रचनाएँ, जैसे—प्ररोह एवं मूल बनते हैं। **साइटोकाइनिन** जैसे BAP (बेंजिलएमीनोप्यूरीन), प्ररोह पुनरुद्भवन को प्रेरित करती है जबकि मूलोत्पादन के लिए **ऑक्सीन** जैसे—NAA (नेफ्थलीन एसिटिक अम्ल) सहायक हैं। वास्तव में प्ररोह एवं मूलोत्पादन ऑक्सीन एवं साइटोकाइनिन के संतुलन से नियंत्रित रहते हैं। कायिक कोशिका से परिवर्धित होने वाले भ्रूण को **कायिक भ्रूण** कहते हैं।

दृढ़ीकरण—पादपकों को संवर्धन पात्रों से निकालकर खेतों में लगाया जाता है, इसे एक विशेष प्रक्रिया के माध्यम से करते हैं जिसे **दृढ़ीकरण** कहते हैं। दृढ़ीकरण के दौरान, पादपकों को कम प्रकाश एवं अधिक आर्द्रता पर कुछ समय के लिए रखा जाता है जिससे ये अधिक कठोर वातावरण के लिए अनुकूलित हो जाते हैं।

पूर्णशक्तता—प्रत्येक पादप कोशिका की सम्पूर्ण पादप में विकसित होने की क्षमता होती है जिसे पूर्णशक्तता कहते हैं।

ऊतक संवर्धन—पादप कोशिकाओं, ऊतकों एवं अंगों को उचित पोष माध्यम पर संवर्धित करने को पादप ऊतक संवर्धन कहते हैं। वह पादप ऊतक या अंग जिसे उसके मूल स्थान से पृथक् करके पात्रे संवर्धित किया जाता है, **कर्तोतक** कहते हैं।

पादपों की विशेषता है कि इसकी कोई भी कोशिका नये पौधे को जन्म दे सकती है, इसी कारण विभिन्न पौधों का प्रयोगशाला में ऊतक संवर्धन तकनीक के द्वारा संवर्धन संभव है, इस तरह जो नन्हें पादप तैयार होते हैं वे बाद में लाखों नये पौधों को जन्म दे सकते हैं।

संवर्धन के लिए उपयोग किए जाने वाले कर्तोतकों, संवर्धन पात्रों, पोष पदार्थों एवं उपकरणों आदि को सूक्ष्म जीवों से रहित करना अनिवार्य होता है। इसके लिए कर्तोतकों को विशेष रूप से उपचारित किया जाता है, पात्रों एवं पोष पदार्थों या संवर्धन माध्यम को भी रोगाणुनाशक भाप, शुष्क ताप या एल्कॉहल से उपचारित करके किया जाता है। इस प्रक्रिया को **सतह रोगाणुनाशक** कहते हैं।

पोष पदार्थ में वे सभी पोषक होने चाहिये, जो कर्तोतक की वृद्धि एवं परिवर्धन के लिए जरूरी हैं। इन पोष पदार्थों में अकार्बनिक लवण, विटामिन, सुक्रोस एवं वांछित वृद्धि नियामक होते हैं। पादप ऊतक संवर्धन में अधिक उपयोग में आने वाले वृद्धि नियामक ऑक्सीन जैसे—2, 4-डाइक्लोरोफिनॉक्सी एसिटिक अम्ल (2, 4–D) एवं साइटोकाइनिन जैसे—बेंजिलएमीनोप्यूरीन (BAP) आदि होते हैं। ये वृद्धि नियामक पादप ऊतक संवर्धन में, कोशिका विभाजन एवं उनसे अंग पुनरुत्पादन के लिए जरूरी होते हैं। ऊतक संवर्धों को सामान्यतया एक संवर्धन कक्ष में $24^{0}C$ पर प्रकाश में रखते हैं। एक पादप ऊतक संवर्धन प्रयोगशाला को मुख्य तीन भागों में बाँटा जा सकता है—(1) पोष माध्यम कक्ष, (2) स्थानान्तरण कक्ष (लेमीनार कक्ष), (3) संवर्धन कक्ष।

फसलों की उन्नति में ऊतक संवर्धन के निम्नलिखित उपयोग हैं—

(अ) सूक्ष्म प्रवर्धन—इस विधि से सीमित स्थान में अनेक संख्या में पौधे तैयार किये जाते हैं जिनका उपयोग कृषि, बागवानी आदि में किया जाता है।

(ब) रोगमुक्त पादपों का संवर्धन उत्पादन—इस विधि द्वारा रोगमुक्त पादप प्राप्त किये जा सकते हैं। इन पर अनेक वाइरस का प्रभाव नहीं पड़ता है।

(स) दुर्लभ संकर का संवर्धन—भ्रूण संवर्धन विधि द्वारा दुर्लभ संकर को बचाया जा सकता है। 1. संवहन अंग व ऊतक

हमने पढ़ा है कि हरे पादपों में प्रकाश-संश्लेषण द्वारा खाद्य बनता है। अतः इस क्रिया को करने के लिए सभी प्रकार के हरे पौधों को एक-सी समस्याओं का सामना करना पड़ता है, जैसे प्रकाश संश्लेषण के प्रमुख अंग-पर्ण को पर्याप्त सूर्य का प्रकाश कैसे प्राप्त हो? प्रकाश-संश्लेषण के लिए कोशिकाओं को ष्ह्लर जल व अन्य खनिज पोषक किस प्रकार पहुँचे? संश्लेषित खाद्य का संग्रह किस प्रकार और कहाँ पर होता है? पौधे इन समस्याओं को किस प्रकार हल करते हैं?

प्राप्त करते हैं। इसके कच्चे फलों पर चीरा लगाने से रबड़क्षीर या लेटेक्स (दूध) निकलता है, दूध को सुखाने पर अफीम अर्द्धठोस के रूप में बनता है। इसके तेलीय बीजों को खस-खस या तिजारा कहते हैं। अफीम में लगभग 30 प्रकार के एल्केलॉइड पाये जाते हैं, जिनमें से मुख्य एल्केलॉइड मार्फीन एवं कोडीन हैं। अफीम नशीली होती है परन्तु इसमें शामक, दर्दनाशक एवं सम्मोहक के गुण होते हैं। भारत में मुख्यतः अफीम मध्यप्रदेश व राजस्थान में पैदा होती है। किन्तु राजस्थान में यह चित्तौड़, उदयपुर, झालावाड़ व भीलवाड़ा में ही उगाई जाती है।

(2) गूगल (Indian Ledellium)—इसका वानस्पतिक नाम कोमीफोरा वाइटाई है। इसका पौधा बहुवर्षी, वृक्ष छोटा तथा धीमी वृद्धि करने वाला होता है। परन्तु वर्तमान में यह पादप संकटग्रस्त स्थिति में है। इसकी अनेक जातियाँ राजस्थान से विलुप्त हो चुकी हैं। गूगल पादप की छाल से प्राप्त की जाती है। गूगल एक सुगन्धित ओलिया-रेजिन पदार्थ होता है। गूगल से निर्मित औषधियाँ कोलेस्ट्राल का नियंत्रण, बवासीर का उपचार, स्वर सुधारने, कफनाशक, शामक व वातसर में उपयोगी होती हैं। इससे अगरबत्तियाँ तथा लोबान बनाया जाता है।

रेशे प्रदान करने वाले पौधे—निम्न पादपों से हमें विभिन्न प्रकार के रेशे प्राप्त होते हैं जिनका उपयोग कपड़े, रस्सी, बोरे आदि तैयार करने में किया जाता है—

(1) कपास—इसके बीज छोटे होते हैं किन्तु इन पर रोम होते हैं। पकने पर कपास बीजों से प्राप्त कर लेते हैं। यह रूई के रूप में जाना जाता है। इसको परिष्कृत करके धागे बनाते हैं। इससे कपड़े तथा अन्य उपयोगी सामग्री तैयार करते हैं।

(2) जूट (पटसन)—इस पादप के तनों से जूट मिलता है। यह रेशों के रूप में प्राप्त होता है जिसका उपयोग रस्सी, चटाई, टाट, बोरे, गलीचे आदि बनाने में करते हैं।

(3) नारियल—नारियल के फल के मध्य भित्ति से प्राप्त जटाओं को कॉयर कहते हैं। यह रस्सी, चटाई व ब्रश बनाने तथा सोफे तथा गद्दों के लिये उपयोगी है।

(4) सन—इसे पौधे के तने से प्राप्त करते हैं। इसके पादप का नाम क्रोटेलेरिया जन्सिया है। इससे भी रस्सी, चटाई, टाट, बोरे, गलीचे बनाये जाते हैं।

(5) भाग—इस पौधे के तने के परिरम्भ भाग से रेशे प्राप्त करते हैं। इनका उपयोग भी रस्सी, चटाई आदि बनाने में किया जाता है।

इमारती काष्ठ पादप—

(1) सागवान—इसके वृक्ष दक्षिणी राजस्थान में मिलते हैं, पादप लम्बा वृक्ष होता है। इसकी काष्ठ से बनाये फर्नीचर पर आर्द्रता व तापक्रम का प्रभाव नहीं पड़ता।

(2) शीशम—इसका पौधा वृक्ष के रूप में होता है। इससे नाव, गाड़ियाँ, दरवाजे व मूल्यवान फर्नीचर बनाया जाता है। काली शीशम उत्तम होती है।

(3) बबूल—यह मरु क्षेत्र में वृक्ष के रूप में उगता है। वृक्ष मध्यम ऊँचाई का,

काँटेदार होता है। काष्ठ के अतिरिक्त छाल व पत्तियाँ उपयोगी होती हैं।

(4) रोहिड़ा—यह मरुक्षेत्र में मिलता है। यह छोटे आकार का वृक्ष है। इसकी काष्ठ मजबूत होती है। पश्चिमी राजस्थान को मारवाड़ कहते हैं। इसकी काष्ठ से फर्नीचर, खिलौने व नक्काशीदार वस्तुयें बनाई जाती हैं।

(5) खेजड़ी—यह राजस्थान राज्य का वृक्ष है। मुख्य रूप से रेगिस्तानी क्षेत्रों में मध्यम आकार के वृक्ष के रूप में उगता है। इसकी लकड़ी अधिक अच्छी नहीं होती है फिर भी इसके दरवाजे आदि बनाये जाते हैं। इसके अलावा नीम, आम, सिरस की लकड़ी का भी उपयोग किया जाता है।

6

पादप तन्त्रों का वर्गीकरण

पादप तंत्र का आविर्भाव पौधे जातियों के समुच्च से लगाया जाता है। विभिन्न प्रकार की पादप जातियां परस्पर मिलकर एक पादप तंत्र का निर्माण करती हैं। पौधों की भिन्न-भिन्न, जातियों की जीवन-प्रक्रिया में अन्तर होता है जो उनके विकास के साथ-साथ बदलती रहती है, लेकिन इसकी आनुवांशिकीय में कोई बदलाव नहीं होता। पौधों का उद्गम, विकास तथा प्रसरण होता है। समय के साथ इसका विनाश भी होता है परन्तु इनकी जातियां अनवरत अस्तित्वान रहती हैं। जीवनमण्डल या परिस्थिति तंत्र में पादपों अथवा पौधों का एक महत्त्वपूर्ण स्थान होता है। पौधे विश्लेषण पर्यावरण भूगोल का एक प्रमुख विषय होता है पौधा सकारात्मक एवं नकारात्मक दोनों रूपों में स्थानीय एवं जलीय जीवों हेतु ऊर्जा देते हैं। अतः पौधे जीवमण्डल के प्रारंभिक उत्पादन होते हैं। पौधे परोक्ष व अपरोक्ष तौर पर जल और थल जन्तुओं को भोजन देते हैं। पौधों की जातियों के सामूहिक समूह को **पादप-समुदाय** कहते हैं तथा पौधे इस समुदाय की आधारभूत इकाई होते हैं। पौधे ही ऐसे जीव होते हैं जो सौर्यिक ऊर्जा (सूर्य प्रकाश) प्राप्त करते हैं तथा उस प्रकाश ऊर्जा की सहायता से **प्रकाश संश्लेषण** क्रिया से अपना आहार स्वयं निर्मित करते हैं। इस तरह पौधों द्वारा सूर्य-ऊर्जा का रासायनिक या आहार ऊर्जा में स्थानान्तरण होता है तथा इस ऊर्जा का आहार शृंखला के विभिन्न **पोषण स्तरों** के सहारे विभिन्न जन्तुओं में गमन तथा प्रवाह होता है। स्पष्ट है कि पौधे सौर्यिक ऊर्जा को प्रत्यक्ष रूप से ग्राप्त करते हैं जबकि अन्य जन्तु इस ऊर्जा को अप्रत्यक्ष रूप से यानी पौधों के माध्यम से प्राप्त करते हैं। इस तरह पौधे जीवमण्डलीय पारिस्थितिक तंत्र के जैविक एवं अजैविक (भौतिक) संघटकों के मध्य मध्यस्थ होते हैं। जीवमण्डल में पौधों के महत्व एवं उनकी महत्त्वपूर्ण भूमिका को ध्यान में रखकर ही जीव भूगोल में पौधें के अध्ययन पर सर्वाधिक ध्यान दिया जाता है तथा **पादप भूगोल** को भूगोल की एक स्वतन्त्र शाखा के रूप में विकसित किया गया है। पादप तंत्र के अन्तर्गत पौधों के वर्गीकरण, समुदाय विकास,

उनकी उत्पत्ति तथा विकास, उनके स्थानिक वितरण प्रतिरूप, उनके विसरण तथा विलोपन एवं उनके विभिन्न कार्यों का अध्ययन किया जाता है। पौधों का प्रमुख कार्य सौर्यिक ऊर्जा (प्रकाश ऊर्जा) की सहायता से **प्रकाश-संश्लेषण** विधि से आहार ऊर्जा/रासायनिक ऊर्जा का निर्माण करना है। पौधे जीवमण्डल में ऊर्जा तथा पोषक तत्वों के संचरण, गमन तथा चक्रण में भी सहायक होते हैं।

पौधों का विभाजन

पादप तंत्र, समूह, परिवाद तथा जगत में अत्यन्त विषमता परिलक्षित होती है। पौधों की ऊँचाई आकार, फूल, फल, रंग पत्ती आदि में एकण या सामूहिक भिन्नता पायी जाती है। अतः स्पष्ट है कि प्रारंभिक तथा अन्त पौधों का उद्गम प्राचीन भौतिकीय युग में जलीय पर्यावरण में हुआ था। इसके बाद से पौधों ने विभिन्न जलवायु प्रदेशों (विषुवत रेखीय उष्णार्द्र जलवायु से ध्रुवीय एवं आर्कटिक शीत जलवायु तक) तथा विभिन्न आवासों **(habitats)** में (सागर-तल से उच्च पर्वतों तथा जलीय भागों से लेकर स्थलीय भागों तक) एवं विभिन्न पर्यावरण दशाओं में अपना अनुकूलन किया है जिस कारण विभिन्न पर्यावरण वाले क्षेत्रों में विशिष्ट पादप समूहों का विकास हुआ है।

पौधों की आकार संरचना कार्यकलाप आदि के आधार पर उनमें वैश्विकरण स्तर पर इतनी विषमताएं होती है कि इनका कुछ प्रमुख समूहों में बाटना असम्भव होता है। इसके अलावा आज तक समस्त स्थलीय एवं जलीय पौधों की जातियों की जानकारी प्राप्त नहीं हो सकी है। अब तक पौधों की मात्र 40,000 जातियों की जानकारी ही मिल पायी है जबकि केवल उष्ण कटिबन्धीय भागों में ही हजारों अज्ञात जातियों का पता नहीं लग पाया है। स्पष्ट है कि पौधों का वर्गीकरण सदा खुला रहेगा क्योंकि जैसे-जैसे पौधों की नयी जातियों का पता लगता जायेगा, पौधों के वर्गीकरण में वैसे-वैसे नयी जातियों एवं वर्गों का समावेश होता जायेगा। सामान्य रूप में पौधों का वर्गीकरण उनकी आकारिकीय विशेषताओं, उनके पदानुक्रम, उनके जीवन-रूपों आदि आधारों पर किया जाता है।

आकृतिक वर्गीकरण

आकृति के आधार पर उन्हें दो वर्गों में वर्गीकृत किया जा सकता है।

1. पुष्पी पादप-इस श्रेणी के पौधे बीजों के द्वारा संतति जनन करते हैं। इन्हें **स्पर्मेटोफाइटा** भी कहते हैं क्योंकि इनमें शुक्राणु होते हैं। ये संवहनीय पौधे होते हैं। पुष्प पौधे को दो उप-वर्गों में विभाजित किया गया है। जो निम्नलिखित हैं-

(i) **कवक (फंजाई)**-पादप प्रकाश संश्लेषण नहीं करते हैं, अपितु अपने आहार के लिए अन्य जीवों के उत्पादनों पर निर्भर करते हैं। कुछ कवक **परजीवी (para-**

site) होते हैं जो अन्य जीवित जीवों से अपना आहार प्राप्त करते हैं तथा कुछ **मृतजीवी** (saprophyte) होते हैं जो अपने आहार हेतु मृत जैविक पदार्थों पर निर्भर करते हैं। कुकुरमुत्ता इसका प्रमुख उदाहरण है।

(ii) **लाइकेन**-इसके अन्तर्गत ऐसे पौधे आते हैं जिनमें **कवक** तथा **शैवाल** के साथ-साथ एक ही पौधे के रूप में आते हैं। इस तरह के पादप-मिश्र होते हैं। इस मिश्र पौधे का एक भाग कवक परजीवी होता है, जिसे उसी पौधे का दूसरा भाग शैवाल आहार प्रदान करता है।

(iii) **बैक्टीरिया**-ये एक कोशिका वाले पौधे होते हैं। ये अपनी कोशिका को दो भागों में विभक्त करके संतति जनन करते हैं, जिस कारण इन्हें **शाइजोफाइटा** भी कहते हैं। आहार निर्माण तथा ग्रहण-प्रक्रिया के आधार पर इन्हें पुनः दो वर्गों में बांटा गया-(अ) **स्वपोषित** एवं (ब) **परपोषित**। स्वपोषित बैक्टीरिया अपना आहार स्वयं निर्मित करती हैं। ये बैक्टीरिया अपनी ऊर्जा या तो प्रकाश एवं अकॉर्बनिक/अजैविक स्रोतों या प्रकाश एवं कॉर्बनिक (जैविक) स्रोतों से प्राप्त करती है। परपोषित बैक्टीरिया अपना आहार स्वयं निर्मित नहीं रहती है वरन् अपने आहार के लिए अन्य जीवों पर निर्भर करती है। ये परपोषित बैक्टीरिया मृत जीवों को वियोजित तथा विघटित करती है तथा जीवमण्डल में पोषक तत्वों के चक्रण में सहायक होती है।

(iv) **ब्रायोफाइटा**-ये असंवहनीय पौधे होते हैं अर्थात् इनकी आन्तरिक संरचना इस तरह की होती है कि पौधे के एक भाग से विभिन्न भागों में तरल पदार्थों का संचार या गमन नहीं हो पाता है। इसके अन्तर्गत काई को सम्मिलित करते हैं।

(v) **शैवाल**-शैवाल जल में पाया जाता है। उसकी रचना जटिल न होकर अत्यधिक आसान होती है। इनका अतिसूक्ष्म रूप एक कोशिका वाला होता है जबकि बड़े शैवाल कई कोशिकाओं वाले होते हैं। कुछ शैवाल मिट्टियों में भी रहते हैं। ये **प्रकाश रसायन** क्रिया द्वारा ऊर्जा प्राप्त करते हैं।

(vi) **टेरिडोफाइटा**-ये संवहनीय पौधे होते हैं परन्तु इनमें सन्तति जनन उपर्युक्त असवंहनीय पादपों के समान ही एक कोशिका के दो भागों में विभक्त होने पर होता है। इसके अन्तर्गत फर्न, अश्वपुच्छ आदि को सम्मिलित करते हैं।

उपर्युक्त पुष्प रहित पौधों के पाँचों प्रकार की सम्मिलित रूप को **असंवहनीय पुष्प रहित पादप** कहते हैं। क्योंकि इनमें ऐसी संरचना नहीं होती है कि पोषक तत्वों का तरल रूप में पौधे के एक भाग से दूसरे भाग में प्रवाह या गमन हो सके।

2. पुष्परहित पौधे-ऐसे पौधों के अन्तर्गत न तो फूल होते हैं और न ही बीज ये अपने वंश या सन्तति का जनन अपने अन्दर छिपे बीजाणु द्वारा करते हैं। समस्त जनन प्रक्रिया इस तरह के पौधों के शरीर में अन्तर्निहित होती है। पौधों को प्रमुख रूप से दो

व्यापक वर्गों में विभाजित किया गया है जिनका विवरण निम्न बिन्दुओं के अन्तर्गत दिया गया है-

(i) **आवृत्तबीजी**-इस श्रेणी के पौधों में बीज रक्षक आवरण या पौधों के अवयवों से ढका रहता है। ये वास्तविक पुष्पी पौधे होते हैं तथा सभी प्रकार के पौधों में सर्वाधिक महत्त्वपूर्ण होते हैं। इनका विकास सबसे बाद में (लगभग 100 मिलियन वर्ष पूर्व) हुआ है। इन्हें बीज के अंकुरण के समय पत्तियों की संख्या के आधार पर पुनः दो उप-प्रकारों में विभक्त करते हैं-

(a) **द्विबीजपत्री**-जिनमें बीज अंकुरण के समय दो पत्तियाँ निकलती हैं। मानव उपयोगी दलहनी खाद्यान्न पौधे तथा फलदार पौधे इस श्रेणी में आते हैं। इनके बीज में दो भाग होते हैं (मटर, अरहर, उरद, मूँग, चना, आम, महुआ आदि)।

(b) **एकबीजपत्री**-इस तरह के पौधों में बीज का एक ही भाग होता है तथा अकुंरण के समय एक ही पत्ती निकलती है। इसके अन्तर्गत मानव उपयोगी अधिकांश खाद्यान्न (cerreals) आते हैं-यथा गेहूँ, चना, मक्का, ज्वार, बाजरा आदि।

(ii) **अनावृत्तबीजी**-इस तरह के पौधों के बीज किसी आवरण में ढका नहीं होता है, वरन् खुला रहता है। कोणधारी या शंक्वाकार वृक्ष यथा-पाइन, स्प्रुस, जूनिफर आदि इस श्रेणी में आते हैं।

पदानुक्रमिक वर्गीकरण

इस श्रेणी वर्गीकरण में एक प्रजाति वाले पादपों को सम्मिलित किया गया है। यह समानता उनके (पौधों के) कार्यात्मक प्रारूप, प्रजनन प्रक्रिया, ऊर्जा निर्माण या उपयोग आदि से सम्बन्धित होती है। पादप जगत में पादप-पदानुक्रम सबसे निचली इकाई **जाति** होती है। समान व्यवहार वाले एकाकी पौधों की संख्या को जनसंख्या तथा उनके वर्ग को जाति कहा जाता है। अन्य शब्दों में जाति संख्या के समूहों को जाति कहा जाता है। एक जाति के सभी सदस्य आपस में सन्तान-जनन के लिए समर्थ होते हैं। लगभग समान विशेषता वाली कई जातियों के समूह द्वारा अलग उच्च पदानुक्रम बनता है, जिसे **वंश** कहते हैं। उभय विशेषता वाले विभिन्न वंशों के समूह को **परिवार** कहते हैं। इसी तरह बढ़ते पदानुक्रम में उभय विशेषता वाले पदानुक्रम के पौधों को क्रमशः **कोटि, वर्ग, संघ** तथा **पादप जगत** में विभाजित करते हैं। पादप जगत समस्त वनस्पतियों को प्रदर्शित करता है तथा यह सर्वोच्च पदानुक्रम होता है।

जीवन रूप के आधार पर वर्गीकरण

पौधों के जीवन-रूप के आधार पर भी वर्गीकरण किया है, यह वर्गीकरण प्रसिद्ध भूगोलवेत्ता रौनकियर महोदय ने किया है। इनके वर्गीकरण का मुख्य आधार पादप-जीवन

तथा जलवायु कारकों के बीच सम्बन्ध है। इसके अन्तर्गत पौधों के जीवन-रूप के उनके विकास के प्रतिकूल मौसम के साथ समायोजन को ध्यान में रखा जाता है। **रौनकियन** ने अपने वर्गीकरण की योजना में केवल एक विशेषता अर्थात् पौधे की **सुप्त** या वर्षस्थायी कलिंका या **आँख** की मृदा सतह के सम्बन्ध में स्थिति को ही अपने वर्गीकरण का आधार बनाया है। अर्थात् जिस क्षेत्र में पौधों के विकास के लिये मौसम जितना ही प्रतिकूल होता है, पौधों की सुप्त आँखें मृदा सतह के उतनी ही करीब होती हैं ताकि वे नष्ट न हो सकें अपितु मौसम के आने तक सुरक्षित रह सकें। इसी आधार पर पादपों को प्रमुख पांच वर्गों में वर्गीकृत किया गया है जो निम्नलिखित है-

1. फैनेराफाइट्स-ये ऊँचे वृक्ष या ऊँची झाड़ियाँ होती हैं जिनमें सुप्त आंखें **(resting buds)** काफी ऊँचाई पर होती है (मृदा आवरण से कम से कम

2.5 मीटर से 30 मीटर की ऊँचाई पर)। पतझड़ तथा सदाबहार वृक्ष इसके अन्तर्गत आते हैं।

2. कैमियोफाइट (Chamaephytes)-इस श्रेणी के अन्तर्गत सदाबहार छोटी झाड़ियां शामिल हैं जिनकी सुप्त कलियाँ या आँखें मृदा सतह के करीब (2.5 मीटर की ऊँचाई तक) होती है।

3. हेमीक्राइप्टोफाइट (Hemicryptophytes)-इस श्रेणी के तहत उन पौधों को शामिल किया जाता है। जिनकी सुप्त कलियाँ या आंखें मृदा सतह पर होती हैं तथा ये आंशिक रूप से मृदा सतह पर पर्ण ढेर **(leaf litter,** गिरी पत्तियों के ढेर) में या मिट्टियों में ढकी रहती है।

4. क्राइटोफाइट (Cryptophytes)-इस तरह के पौधों की आंखें (कलियाँ) पूर्ण रूप से बाह्य पर्यावरण से सुरक्षित रहती है। इस तरह के पौधों की जड़ों में ये कलियाँ बल्ब **(bulb)** के रूप में होती हैं। भू-तल पर तथा जल में पाये जाने वाले इस श्रेणी के पौधों को क्रमशः geophytes तथा hydrophytes कहते हैं।

5. थिरोफाइट (Therophytes)-इसके तहत उन पौधों को शामिल किया गया है जिनकी जीने की अवधि मात्र एक ही मौसम होता है। अर्थात् इनका जीवन इतिहास बीज से बीज के बीच होता है। यानी बीज के अंकुरण से पौधा विकसित होता है तथा पुनः बीज आ जाने पर समाप्त हो जाता है। प्रतिकूल मौसम में ये पौधे बीज के अन्दर भ्रूण के रूप में रहते हैं तथा अनुकूल मौसम आने पर दुबारा जन्म ले लेते हैं।

वनस्पति तथा पादप समुदाय

किसी निर्धारित आवास व स्थान पर विकसित होने वाले पादपों के समूह या वर्ग को पादप परिवार या पादप समुदाय कहते हैं। ऐसे विकसित होने वाले पादपों

की कई प्रमुख विशेषताएँ होती हैं जैसे-इसका निर्माण दो या दो से अधिक विभिन्न जातियों के पौधों से होता है, इसमें ऐसी जातियाँ सम्मिलित होती हैं जिनके सदस्य किसी खास आवास में एक साथ रहने एवं विकसित होने के लिये समर्थ होते हैं। किसी भी प्रदेश में पादप समुदायों के समूह को वनस्पति कहते हैं। अर्थात् किसी भी क्षेत्र में विभिन्न जातियों के पारिस्थितिक रूप से सम्बन्धित पौधों के समूह को उस क्षेत्र की वनस्पति कहते हैं। वनस्पति का स्वभाव अमुक आवास में उपस्थित विभिन्न जातियों पर निर्भर न होकर उन जातियों के तथा उनके सदस्यों की संख्या के सापेक्षिक समानुपात पर आधारित होता है। उदाहरण के लिये दो आवासों में समान जाति वाले पादप हो सकते हैं परन्तु उनके वनस्पति प्रारूप भिन्न-भिन्न होते हैं। इसी तरह दो आवासों की वनस्पति एक प्रकार की हो सकती है परन्तु उनके फ्लोरा विभिन्न हो सकते हैं, उदाहरण के लिये यदि दो आवास क्षेत्र हैं, दोनों में घास तथा साल वृक्ष है परन्तु प्रथम में घास की बहुलता है तथा साल दूर-दूर हैं जबकि दूसरे आवास में साल वृक्ष काफी घने हैं तो इस तरह प्रथम आवास की वनस्पति घास तथा दूसरे की साल वन होगी। भू-तल पर विद्यमान पादप तंत्र वर्तमान स्वरूप ऐतिहासिक विकास-क्रम का प्रतिफल है भू-तल पादप के ऐतिहासिक विकास की चर्चा के पूर्व विकास के प्रक्रमों तथा क्रियाओं का संक्षिप्त उल्लेख करना बहुत जरूरी है—

पादप विकास

'पादप विकास' का तात्पर्य है पौधों का उद्भव तथा उनकी समय के सन्दर्भ में वृद्धि। इस तरह का विकास **(evolution)** पादपों की ऐतिहासिक वृद्धि का सूचक है। पृथ्वी पर पादप जीवन **(plant life,** स्थलीय तथा जलीय दोनों) के ऐतिहासिक या समय के परिवेश में विकास की व्याख्या के पहले विकास के **प्रक्रमों** तथा क्रियाओं का सूक्ष्म वर्णन करना अति आवश्यक है जो निम्नलिखित हैं-

1. प्राकृतिक एवं कृत्रिम चयन-इस चयन का प्रभाव पौधों के विकास एवं उनके जीवन पर अत्यधिक पड़ता है किसी भी जाति के जनक द्वारा जो गुण विरासत में मिलते हैं उनमें से कुछ ऐसे होते हैं जो व्यक्तिगत सदस्य को उनके आवास के पर्यावरण को सहन करने तथा उसके अनुकूलन योग्य बना देते हैं, जबकि कुछ सदस्यों में ये विशिष्ट गुण नहीं होते हैं। परिणामस्वरूप आवास के पर्यावरण के अनुकूलन योग्य विशिष्ट गुण वाले पादप उन पादपों को लुप्त कर देते हैं जिनमें ये विशिष्ट गुण नहीं होते हैं। इस प्रक्रिया को **प्राकृतिक चयन** कहा जाता है। **कृत्रिम चयन** मुख्य रूप से मानव द्वारा नये पर्यावरण के निर्माण के कारण होता है। उदाहरणस्वरूप मानव फसलों की उत्पादकता की वृद्धि के लिए क्रास परागण या

वर्णसकरण द्वारा नये बीजों का निर्माण करता है जिनमें रोगों तथा कीटों के आक्रमण से प्रतिरोध करने की अत्यधिक क्षमता होती है तथा कई तरह की मिट्टियों एवं जलवायु को सहन करने की सामर्थ्य होती है। इस प्रकार मानव अपनी जरूरतों को पूरा करने के लिए पौधों का स्वयं चुनाव करता है और अन्य पौधों को समाप्त कर देता है। इसी प्रक्रिया को कृत्रिम चुनाव का नाम दिया गया है।

2. विषमता-पौधों में अत्यधिक विषमताएँ पाई जाती हैं। किसी भी समुदाय के विविध सदस्यों में भी एकरूपता नहीं पाई जाती यहाँ तक कि एक ही जनक (parents) की सन्ततियों में भी **विषमता** होती है। प्रत्येक पादप अपने जनक के गुणों को विरासत के रूप में प्राप्त करता है तथा इन गुणों का उस पादप की वृद्धि में पर्याप्त प्रभाव पड़ता है। वृद्धि के समय इन गुणों में पर्यावरण के प्रभावों के कारण कुछ परिमार्जन हो जाता है। इस तरह अपने जनक से उनके गुणों को विरासत के रूप में प्राप्त करने को **आनुवांशिक रूप** कहते हैं तथा सन्तति के विरासत के प्राप्त गुणों में पर्यावरण के प्रभावों से जनित परिमार्जन को **व्यक्तगुणोपलक्षण** कहते हैं।

3. पृथक्करण-पौधों के विकास में **अलगाव** या **पृथक्करण** का पर्याप्त महत्त्व होता है। पादपों में यह अलगाव जनन से सम्बन्धित होता है। पृथक्करण की प्रक्रिया के दौरान विभिन्न सदस्यों के मध्य, जीन का आदान-प्रदान अवरुद्ध हो जाता है। यह पृथक्करण कई तरह के अवरोधों के द्वारा होता है। इस प्रक्रिया को प्रभावित करने वाले कारकों को दो वर्गों में रखा जाता है-

(i) **बाहरी तत्व**-ये पौधों के बाहर से कार्य करते हैं तथा विभिन्न जाति (species) के सदस्यों में क्रास परागण को रोकते हैं। बाहरी कारकों के अन्तर्गत क्षेत्रीय या भौगेलिक पृथक्करण, पारिस्थितिक, पृथक्करण, मौसमी पृथक्कीकरण, यांत्रिक पृथक्करण प्रमुख होते हैं। **भौगोलिक पृथक्करण** मुख्य रूप से **दूरी कारक** या **दूरी अवरोध** द्वारा होता है। जब पादप एक दूसरे की तुलना में अत्यधिक दूरी पर होते हैं (यथा एक जाति के सदस्यों के बीच विस्तृत सागर, रेगिस्तान, पर्वत आदि होते हैं) तो **क्रास जनन** या **क्रास परागण** नहीं हो पाता है।

(ii) ये पौधों के आन्तरिक अंगों में कार्य का संचालन करते हैं ये कारक **क्रास-परागण** होने पर भी **वर्ण संकरण** को नियंत्रित करते हैं तथा **वर्ण संकरण** के कारण एक ही जाति के सदस्यों में **अन्तः जनन** न होने के कारण एक ही **जाति** से कई **उप-जातियाँ** विकसित हो जाती हैं।

जातियों का विकास

पादप तंत्र के अन्तर्गत विकास विकरण प्रमुख रूप से **जननिक पुनः संयोग, प्राकृतिक चयन** तथा **पृथक्करण** की प्रक्रियाओं द्वारा होती है, परन्तु पृथक्करण द्वारा

जनन होने से ही नयी जातियों की उत्पत्ति तथा विकास होता है। जिस प्रक्रिया के माध्यम से जातियों का सृजन होता है, उसे जाति उद्भव की संज्ञा प्रदान की जाती है। यह उद्भव **क्रमशः** एवं **अचानक** दो रूपों में होता है। क्रमशः या क्रमिक उद्भवन को **भौगेलिक उद्भवन** भी कहते हैं, जिनके अन्तर्गत किसी समांग पर्यावरण में आरम्भिक प्रजनन वाले पादपों का विकास होता है। धीरे-धीरे इनकी संख्या में वृद्धि होती है और परिणामस्वरूप इस पर्यावरण वाले सदस्य समीपी पर्यावरण वाले निवास अथवा आवास में प्रवेश कर जाते हैं, जहाँ वे पूर्व में विकसित पादपों के मध्य इन नवागन्तुक सदस्यों की **उपजनसंख्या** या उपसमूह विकसित होता है। इन सदस्यों के वरणात्मक प्रभावों के कारण **उपजाति** का विकास होता है। आगे चलकर दूरी के कारण इनका पृथक्करण हो जाता है अर्थात् इस उपजाति के सदस्यों का एक दूसरे से तथा अपने मौलिक (आरम्भिक) सदस्यों से अलगाव हो जाता है। इस तरह के वितरण को **विषमजाति वितरण** कहा जाता है इसके द्वारा नवीन जाति का जन्म होता है। इसका प्रमुख कारण यह है कि भौगेलिक रूप से अलग किये गये सदस्य आपस में प्रजनन नहीं कर पाते हैं।

इस नयी जाति के कुछ सदस्य आगे चलकर अपने मौलिक आवास में पहुँच जाते हैं जहाँ पर अब भी उनके आरम्भिक जनक मौजूद होते हैं। यद्यपि मौलिक सदस्यों तथा उस मौलिक आवास से प्रवासित एवं पुनः आवासित सदस्यों (जो अब नयी जाति के सदस्य हो गये हैं) में कुछ समता अब भी होती है (इस तरह के पौधों के वितरण को (sympatric वितरण कहते हैं) परन्तु **जननीय अवरोधों** के कारण ये आपस में नहीं मिल पाते हैं। परन्तु जब इनमें मौलिक जनक सदस्यों या भौगेलिक रूप से अलग किये गये सदस्यों में आपसी प्रजनन होता है तो संकरण के माध्यम से नवीन समुदायों या जातियों का विकास होता है।

समुदायों अथवा जातियों की उत्पत्ति से जुड़ा डार्विन का सिद्धान्त काफी महत्त्वपूर्ण है उनका सिद्धान्त जातियों के क्रमिक प्रगामी विकास की संकल्पना से सम्बन्धित है। **डार्विन** ने अपने सिद्धान्त का प्रस्तुतीकरण सर्वप्रथम एक शोधपत्र के रूप में 1 जुलाई, 1958 को लन्दन में Linean Society की सभा में किया। ज्ञातव्य है कि **डार्विन** तथा **अल्फ्रेड रसेल वैलास** ने इस विषय पर साथ-साथ अपने शोध पत्रों को प्रस्तुत किया था। डार्विन ने **प्राकृतिक चयन** तथा **योग्यतम की उत्तरजीविता** द्वारा जातियों का उद्भव तथा विकास बताया है। डार्विन के सिद्धान्त के कुछ प्रमुख पक्ष है, जिन्हें निम्नलिखित पंक्तियों में स्पष्ट किया जा सकता है-

(i) एक जाति के कुछ सदस्यों में कुछ ऐसे खास या विशिष्ट गुण होते हैं जो उन्हें जीवन के संघर्ष में विभिन्न परिस्थितियों का मुकाबला करने तथा उन्हें सहन करने के

लिए अधिक समर्थ तथा सक्षम बना देते हैं।

(ii) किसी भी जाति के सदस्यों **(individuals)** में विषमता होती है। यद्यपि यह विषमता कम ही होती है, परन्तु उसका अधिकाधिक महत्व होता है।

(iii) इसी तरह यदि जनक द्वारा अपनी सन्ततियों में प्रतिकूल गुणों का स्थानान्तरण होता है तो ऐसे जीव अपनी ही जाति के विशिष्ट अनुकूल गुणों वाले जीव की तुलना में कमजोर हो जाता है तथा अस्तित्व या जीवन के संघर्ष में पिछड़ जाता है और अन्ततः समाप्त हो जाता है।

(vi) इन विशिष्ट गुणों का जब जनक द्वारा उसकी सन्ततियों में स्थानान्तरण होता है तो आने वाले क्रमिक पीढ़ियों में अस्तित्व के संघर्ष के लिए श्रेष्ठत्व **(superiority)** आ जाता है जिस कारण जीव **आवास** विशेष के अन्य जीवों की तुलना में अत्यधिक समर्थ तथा सबल हो जाते हैं।

(v) इस तरह किसी जीव में अतिरिक्त अनुकूल विशिष्ट गुण उसे उत्तरजीविता **(survival)** तथा जनन के अच्छे एवं अनुकूल अवसर प्रदान करते हैं।

(iv) इस तरह जीवन के संघर्ष में विजेता **(winner)** **विकास** **(evolution)** का प्रतीक होता है तथा पराजित **(loser)** **विलोप** **(extinction)** का सूचक होता है।

समुदाय अथवा जातियों के विकास की विविध प्रणालियों के माध्यम से पादप तंत्र का किसी महत्त्वपूर्ण एवं विशिष्ट स्थल पर विकास होता है। पादप-विकास की प्रथम कड़ी **जाति** होती है। इन जातियों से उच्च श्रेणी के पौधों का विकास होता है। जातियों के अलगाव द्वारा **वंश** का निर्माण होता है। **अनुकूलन चयन पृथक्करण** तथा **गुण परिवर्तन** द्वारा परिवार का निर्माण होता है जिसमें कई वंश होते हैं और इसी तरह **कोटि, वर्ग, संघ** का निर्माण होता है तथा कई **संघ** मिलकर **पादप-जगत** बनाते हैं।

पृथ्वी के पादप-आवरण के विकास का इतिहास

किसी क्षेत्र विशेष में विभिन्न प्रकार की जातियों का उद्भव एवं विकास वहां के पर्यावरण की विशिष्टओं पर निर्भर करता है सदियों से उनके विकास को अनेक वनस्पति समुदाय के ऐतिहासिक विकास का अध्ययन अवसादी शैलों में स्थित वनस्पतियों के अवशेषों **(fossils)** के विश्लेषण तथा उनकी व्याख्या के आधार पर किया जाता है। अतः यह विषय **पुरावनस्पतिशास्त्र** के अन्तर्गत आता है। शैलों में स्थित वनस्पतियों के प्राचीन अवशेषों की खोज, उनकी पहचान, व्याख्या तथा उनका भूगर्भिक रचनाकाल के साथ समय सहसम्बन्ध का निर्धारण करना कोई सरल कार्य नहीं है तथा शुद्ध व्याख्या की भी सम्भावना होती है। (इन पहलुओं का विवेचन, स्थानाभाव तथा प्रस्तुत विषय को विद्यार्थियों (खासकर भूगोल) के दृष्टिकोण से अबोधगम्य न बनाने के लिए, यहाँ पर नहीं किया जा रहा है) संक्षेप में यह व्यक्त किया जा सकता है कि शैलों में जीवों के

अवशेषों (वनस्पति तथा प्राणी दोनों के) के अभिलेखों के आधार पर जीवों के विकासीय परिवर्तन की व्याख्या करने वाले पुराप्राणिशास्त्रियों को निम्न दो स्कूलों (schools) में बांटा जा सकता हैं ये दो स्कूल निम्नलिखित हैं-

1. संघीय अनुक्रमवाद-इस दृष्टिकोण के आधार पर पादप तंत्र की समस्त वर्गों या समुदायों की उत्पत्ति एवं विकास साथ-साथ क्रमशः क्रमिक रूप से मन्द गति से दीर्घकाल में होता है। यद्यपि कुछ का विकास अन्य की तुलना में तेजी से हो जाता है। इसे **क्रमिक उद्भवन** या **भौगेलिक उद्भवन** कहा जा सकता है।

2. सविराम समस्थिति-जीव जगत समस्थिति में होता है परन्तु समय-समय पर इस स्थिति में व्यवधान हो जाते हैं तथा दो स्थिर कालों के मध्य ऐसा लघु समय होता है जिस समय अचानक घटनायें (प्रलय) होने लगती हैं तथा जीवों का उद्भव एवं विकास अचानक होने लगता है। इसे **त्वरित** या **अचानक उद्भवन** कहा जाता है।

शैलों में पाये जाने वाले जीवावशेषों के आधार पर D.V.Ager (1976) का कहना है कि जीवावशेषों के अभिलेख क्रमिक विकास को इंगित नहीं करते हैं, बल्कि **खण्डकालिक घटना** के सूचक है।

भू-तल पर पौधों के उद्‌गमन एवं विकास विश्लेषण के भौमिकीय इतिहास के अनेक समयों की पृष्टि भूमि में होता है। जिसे निम्नलिखित पंक्तियों द्वारा समझा जा सकता है-

1. पर पोषित जन्तुओं व जीवों के आधार पर कुछ ऐसे प्राणियों या जीवों का उद्भव हुआ जो अपना आहार अपने आप तैयार कर सकते थे। बैक्टीरिया पादपों द्वारा जैविक विधि से ऑक्सीजन का निर्माण हुआ जिसके वायुमण्डल में विसरण के कारण अन्य जीवों का विकास भी सम्भव होने लगा। वायुमण्डल में ऑक्सीजन के सान्द्रण के फलस्वरूप **ओजोन मंडल** का निर्माण और अधिक विस्ताण हुआ जिस कारण प्रवेशी सौर्यिक विकिरण की पराबैंगनी किरणों का ओजोन गैस द्वारा अधिकाधिक अवशोषण होने से भू-तल का तापमान नियन्त्रित हो गया। फलस्वरूप भू-तल कई प्रकार के जीवों के रहने योग्य हो गया तथा ऑक्सीजन सेवी जीवों का विकास **ऑक्सीजन श्वसन** द्वारा सम्भव हो गया, जिस कारण बहुकोशिकीय पौधों तथा प्राणियों का जटिल रूप विकसित हो गया। आज से लगभग 600 मिलियन वर्ष पूर्व प्रथम बहुकोशिकीय जन्तु (स्पंज-शरीर पर छिद्र वाले जल में रहने वाले जलशोषक जीव, मूँगा, कृमि तथा रीढ़ वाले जन्तुओं के पूर्वज) का उद्भव हुआ।

2. भू-तल पर जीवों का ऐतिहासिक विकास **पूर्वकैम्ब्रियन** युग से शुरू होता है जबकि जलीय भागों में एक कोशिका वाले सूक्ष्मस्तरीय जन्तु का उद्‌गम हुआ ये ऑक्सीजन का न उपयोग करने वाले **परपोषित** जीव थे। ज्ञातव्य है कि प्रारम्भ में

प्रकाशसंश्लेषण द्वारा आहार निर्मित करने वाले **स्वपोषित** तथा **प्राथमिक उत्पादक** जीवों का विकास नहीं हुआ था। तथा मौलिक परपोषित जीवों का आहार-पोषण अजैविक विधि से उत्पन्न कॉर्बनिक पदार्थों द्वारा होता था। उस समय तक ऑक्सीजन की उत्पत्ति भी नहीं हुई थी। इनका पोषक तरल आहार रूप में होता था जिनका सेवन ये बिना ऑक्सीजन के कर लेते थे। प्रारम्भ में अजैविक विधि से कॉर्बनिक आहार के निर्माण के विषय में सामान्य मत यह है कि कई साधारण तत्वों यथा मीथेन, अमोनिया, जलवाष्प के मिश्रण से पराबैगनी विकिरण या विद्युतीय विसर्जन द्वारा कई तरह के कॉर्बनिक यौगिकों का निर्माण हुआ होगा।

3. **डिवोनियन** युग के अन्तिम अवस्था में पेड़ की भांति प्रारंभिक पौधों का उद्‌भव हुआ (स्थलों पर) यथा प्रशाखी (शाखा वाले) लाइकोपाड्स (lycopods) तथा ऊँचे horsetails । आगे चलकर इनका विलोप हो गया। इन वृक्षों के साथ छिपे बीजाणुओं द्वारा जनन करने वाले फर्न के समान वृक्ष तथा पत्ती के समान सरंचना वाले वन वृक्षों (इनसे आगे चलकर आधुनिक कोंणाधारी वृक्षों का उद्‌भव हुआ है) का विकास हुआ तथा वनस्पति समुदाय का रूपान्तरण वनों के रूप में हो गया।

4. जैसा कि पूर्व में स्पष्ट किया जा चुका है कि पादप तथा जीवों का प्रारंभिक उद्विकास जल में हुआ जहाँ से इन जीवों का पलायन स्थलीय क्षेत्रों में हुआ। सबसे पहले पृथ्वी पर हरित पौधों का उद्‌गमन तथा उनका औपनिवेषीकरण (colonization) अन्तिम **सिल्यूरियन** तथा **डिवोनियन** युग में प्रारम्भ हुआ। उस समय स्थलों पर शुष्क पर्यावरण था। जलीय लाल एवं भूरे रंग की शैवालों से विकसित हुए ये हरे पौधे ऐसी विशेषता वाले थे। वे शुष्क पर्यावरण के साथ अपने को समायोजित करके स्थलों पर रह सकते थे। इस तरह के आरम्भिक स्थलीय पौधों में Rhynia तथा Cooksonia प्रथम पादप बताया जाता है। ये आरम्भिक पौधे सवंहनीय तंत्र (vascular System ; तरल पदार्थों का पौधे के एक भाग से दूसरे भाग में गमन) वाले थे तथा इनकी संरचना जाइलम (xylem रसवाहिनी), छाल (cuticle),तना सदृश हरी शिरायें, रंध्र (stomata), बीजाणु कोष (sporangia) आदि अंगों द्वारा हुई मानी जाती है।

5. **मेसोजोइक कल्प** ट्रियासिक, जुरैसिक तथा क्रिटैसियस इन तीनों युगों का मिश्रित रूप मेसोजोइक कल्पयुग बनाया गया है। इस युग के दौरान पृथ्वी पर जलवायु तथा वनस्पति एवं प्राणि जीवन में बड़े पैमाने पर परिवर्तन हुआ जिसका प्रमुख कारण लारेशिया (अंगारालैंड) तथा गोण्डवानालैंड का विखंडन (breaking) एवं विभिन्न दिशाओं में प्रवाह का होना था। मेसोजोइक कल्प के प्रथम चरण अर्थात् टियासिक युग में अधिकांश क्षेत्रों पर शुष्क जलवायु का प्रभाव था और पर्मियन युग की अधिकांश

वनस्पतियों (वनों के रूप में) के स्थान पर शुष्क जलवायु वाली विरल वनस्पतियों का विकास हो गया। कई पादपों तथा प्राणियों का (कार्बानिफेरस तथा पर्मियन युगों की) **विलोप** (extinction) हो गया परन्तु अब भी **डाइनासोर** (दीर्घकाल धरातल पर रेंगने वाला जानवर) बचा रहा है क्योंकि उसे भोजन देने वाले कुछ पादप बचे रहे क्योंकि इन्होंने नये पर्यावरण (शुष्क जलवायु) के साथ अनुकूलन करके अपने को समायोजित कर लिया था। जुरैसिक तथा क्रीटैसियम युगों में (जबकि अंगारालैण्ड तथा गोण्डवानालैंड के टूटे हुए भागों का विस्थापन एवं प्रवाह हो रहा था) जलवायु तथा वृहत् क्षेत्रों पर आर्द्र उपोष्ण कटिबन्धीय जलवायु का विस्तार होने से सदाबहार वनों का विकास हुआ जिनमें प्रमुख थे-**conifers** (कोणाधारी वृक्ष), **ginkgos** तथा **cycads,** इस समय डाइनासोर के दो समूहों की स्थिति थी-**(i)** शाकाहारी डाइनासोर और **(ii)** मांसाहारी डाइनासोर

6. **क्रीटैसियस** युग के दौरान भू-स्थल पर विद्यमान पौधों में प्रथम पुष्पी पौधों की उत्पत्ति एवं विकास की वजह से व्यापक स्तर पर बदलाव आया। इन पुष्पी पौधों का विकास इतनी तीव्र गति से हुआ कि शीघ्र ही इनका घने जंगलों के रूप में विस्तारण हो गया जिस कारण प्रारम्भिक जातियाँ तथा उनके सदस्यों की संख्या पुष्पी पौधों की तुलना में निहायत कम हो गयी। पुष्पी पौधे सर्वाधिक समर्थ तथा सबल हो गये। इन पुष्पी पौधों में प्रमुख थे-ओक, पोपलर, **sycamore,** मैपिल, तथा आधुनिक उष्ण कटिबन्धीय जातियों के समान पौधे आदि)। इन उच्च तथा वृहद्‌ाकार वृक्षों के नीचे छोटे पौधों तथा झाड़ियों का विकास हुआ और इनके नीचे अर्थात् धरातल के पास शाकीय पौधों का विकास हुआ। स्पष्ट है कि पुष्पी पादपों के उद्‌भव एवं विकास के साथ ही वनस्पति समुदाय में सुनिश्चित लम्बवत स्तरीकरण हो गया। पुष्पी पौधों के इस त्वरित विकास एवं उनके अन्य पादपों पर प्रभुत्व के लिए पुरावनस्पतिशास्त्रियों द्वारा निम्न कारण दिये गये हैं-

(i) इन पुष्पी पौधों में कई स्तरीय (लम्बवत्, जैसा कि ऊपर व्यक्त किया गया है) समुदायों की रचना करने की क्षमता का होना।

(ii) क्रीटैसियमश युग में यद्यपि पर्वतीकरण, स्थलीय भागों के सीमान्त क्षेत्र पर सागरीय प्रसार, जलवायु परिवर्तनों आदि के कारण विभिन्न पर्यावरण वाले आवासों **(habitats)** का निर्माण हुआ, परन्तु पुष्पी पौधों में नये पर्यावरण के साथ अनुकूलन **(adaptation)** एवं समायोजन करने की पर्याप्त क्षमता थी जिस कारण उन्होंने शीघ्र ही विभिन्न पर्यावरण वाले आवासों में अपने को समायोजित **(adjust)** कर लिया।

(iii) पुष्पी पौधों तथा कीटों का विकास आपसी सहयोग से हुआ। परिणामस्वरूप कीटों द्वारा **क्रासपरागण** होने से पुष्पी पौधों में तीव्र गति से विस्तार हुआ। इस क्रासपरागण के कारण पौधों में आनुवांशिक तथा पारिस्थितिक विविधता होने से नयी

जातियों का भी उद्भव हुआ।

7. **कार्बोनिफरस** युग तक समस्त महाद्वीप एक भू-क्षेत्र के रूप में एक दूसरे से जुड़े थे। जिसे पैंजिया या सुपर महाद्वीप कहा गया है। **पैंजिया** के विभजन के समय के विषय में पर्याप्त मतभेद है। अधिकांश लोगों के अनुसार पैंजिया का विभाजन **जुरैसिक** युग से प्रारम्भ होता है, जबकि कुछ लोग इसका विभाजन **कार्बोनिफरस** युग से ही मानते हैं। इतना तो निश्चित ही है कि पौधों तथा प्राणियों के विकास तथा वितरण पर **महाद्वीपीय विस्थापन** या **प्रवाह** का पर्याप्त प्रभाव पड़ा है। महाद्वीपीय विस्थापन का **प्लेट विवर्तनिकी** के आधार पर सत्यापन हो गया है।

यदि कार्बोनिफरस से पैंजिया का विभाजन माना जाये तो सर्वप्रथम इसका दो भागों में विखण्डन हुआ। उत्तरी भाग को लारेशिया या अंगारालैण्ड (उत्तरी अमेरिका तथा यूरेशिया) तथा दक्षिणी भाग को गोण्डवानालैण्ड (दक्षिणी अमेरिका, अफ्रीका, अण्टार्कटिका, मालागासी, भारत तथा आस्ट्रेलिया का सम्मिलित रूप) कहा जाता है। कार्बोनिफरस युग में लारेशिया पर शाखाओं वाले ऊँचे वृक्षों का घना जंगल विकसित हो गया था। इन वनस्पतियों (वृहद्‌ाकार क्लब मॉस-**Lepidodendrum, Sigillaria,** 30 मीटर से अधिक ऊँचाई वाले शंकुधारी पौधे-वृहद्‌ाकार **horsetail** पौधे आदि) का उद्भव तथा विकास दलदली आवास में हुआ माना जाता है। ये वनस्पतियाँ अवसादों के नीचे दबती गयी तथा ऊपर स्थित अवसादीय भार के कारण सम्पीड़ित होकर कोयले में बदल गयी। यूरोप तथा उत्तरी अमेरिका के अधिकांश कोयले का निर्माण **कार्बोनिफरस** युग के अन्तिम चरण तथा **पर्मियन** युग में हुआ। इस दौरान निम्नलिखित तीन प्रजाति की बनस्पतियों की उत्पत्ति हुई।

(i) लारेशिया के पश्चिमी भाग (वर्तमान पूर्वी अमेरिका, पूर्वी तथा पश्चिमी यूरोप) में **Eumerican Flora,**

(ii) द. पू. अंगारालैण्ड (आधुनिक चीन, द. पू. एशिया) में **Cathysian flora.**

(iii) वर्तमान साइबेरिया में **Angara flora**

पूर्व में स्पष्ट किया जा चुका है कि इस युग के शुरूआती दौर में **गोण्डवानालैण्ड** पर भी **लारेशिया** के समान ही वनस्पति का विकास हुआ था, परन्तु कार्बोनिफरस के अन्तिम चरण में वृहदस्तरीय जलवायु परिवर्तन के कारण इस भाग का **हिमानीकरण** हो गया तथा बाद में हिम के पिघलने के बाद शीत तथा शीतोष्ण आर्द्र जलवायु का सुत्रपात हुआ। इस समय गोण्डवानालैंड के वृहद् क्षेत्रों पर **Glossopteris flora** का विकास हुआ जिसके जीवावशेष आज भी द. अमेरिकी, अफ्रीका, मालागासी (मैडागास्कर), भारत आदि में पाये जाते हैं।

विभिन्न विद्वानों में पुष्पीय पौधों की उत्पत्ति स्थल या क्षेत्र के सन्दर्भ में एक जैसी

अवधरणाएं नहीं मानते अधिकांश लोग इनका मूल उद्भव स्थान गोण्डवानालैंड के पश्चिमी भाग को मानते हैं जहाँ से पुष्पी पौधों का विसरण विभिन्न क्षेत्रें में हुआ। पूर्व में स्पष्ट किया जा चुका है कि क्रीटैसियम युग में **डाइनासोर की चरम सीमा तक वृद्धि तथा विकास** हुआ। टर्शिटरी युग में वृहद्स्तरीय पर्वतीकरण (अल्पाइन पर्वतों-यथा रॉकीज, आल्प्स, एण्डीज, हिमालय आदि) तथा तत्सम्बन्धी जलवायु में परिवर्तन, **क्वाटरनरी युग** में उत्तरी अमेरिका तथा यूरेशिया के अधिकांश भागों का (प्लीस्टोसीन हिमकाल) हिमानीकरण, हिमकालों एवं अन्तर्हिमकालों के कारण जलवायु में बार-बार परिवर्तन, सागर-तल में उतार तथा चढ़ाव के कारण वनस्पतियों के प्रारूप एवं उनके जीवन-रूप (life form) पर बड़े पैमाने पर प्रभाव पड़ा है।

वनस्पतियों का वितरण

भू-तल पर पौधों के वितरण में अत्यधिक विषमताएँ पाई जाती हैं। भूमध्य रेखा से ध्रुवों तक तथा सागर-तल से उच्च पर्वतों तक पादपों के वितरण में कटिबन्धीय या मण्डलीय प्रारूप पाया जाता है। पादपों के वितरण पर **जलवायु कारकों** (तापमान, प्रकाश, आर्द्रता, मृदा में नमी आदि); **मृदा सम्बन्धी कारक** (edaphic factors मृदा में पोषक तत्वों की स्थिति, मृदा-गठन, मृदा-संरचना, उसकी अम्लता तथा क्षारीय गुण आदि); जैविक कारक (आवास विशेष में जीवित जीवों का खासकर प्राणी तथा मानव का पौधों पर प्रभाव, पादपों एवं प्राणियों में अन्तर्सम्बन्ध यथा-प्राकृतिक चयन, प्रतिस्पर्धा, परस्पर सहयोगवाद, सहभोजिता, परजीविता (paraticism) आदि); भौतिक कारक (उच्चावच, ढाल-कोण तथा ढाल-पहलू slope aspect, धरातली संरचना आदि); भूगतिक कारक (महाद्वीपीय विस्थापन तथा प्रवाह, प्लेट संचलन); अग्नि कारक (वनाग्नि-forest fire—मानव द्वारा सोद्देश्य वनों का जलाना, मानव द्वारा अनजाने में वन में आग लगना तथा प्राकृतिक वनाग्नि); पादपों का विसरण तथा प्रकीर्णन एवं मानव हस्तक्षेप आदि का महती प्रभाव होता है।

संसार में वनस्पतियों या पौधों के वितरण या पौधों के वितरण का विश्लेषण विभिन्न स्वरूपों में किया जा सकता है। जिनका विवरण इस प्रकार है-

स्थलीय वनस्पतियों का वितरण

जीवमण्डल में वनस्पति का अध्ययन दो रूपों में किया जाता है-

1. पादपों के किसी विशेष जाति का विश्वस्तरीय वितरण-जिसके अन्तर्गत पादपों के वितरण के प्रतिरूपों तथा उनके वैषम्य का अध्ययन जलवायु विभिन्नताओं, पादपों के **विसरण** तथा **प्रवास** तथा महाद्वीपों के विस्थापन एवं प्रवाह के सन्दर्भ में किया जाता है।

2. वनस्पतियों का अध्ययन पारिस्थितिक तंत्र के सन्दर्भ में किया जाता है, जिसके अन्तर्गत समान पर्यावरण वाले विभिन्न **आवासों** में पादपों की समस्त जातियों (जो वहाँ मौजूद होती हैं) का सामूहिक अध्ययन करते हैं। भूगोल में वनस्पतियों का वितरण भौगोलिक प्रदेशों एवं जलवायु प्रदेशों के सन्दर्भ में किया जाता है।

क्रीटैसियस युग से **पुष्पी पौधों** का प्रादुर्भाव, विकास तथा भूमण्डल के विभिन्न भागों में विसरण तथा प्रवास होने से उनके अलग-अलग समूहों का विकास हुआ है। इस तरह के विशेष प्रकार के आवासों (समान पर्यावरण वाले) में वनस्पति समूहों में वृहद्स्तरीय रूपों को **वानस्पतिक जगत** कहते हैं। प्रत्येक वनस्पतीय जगत में भी प्रादेशिक स्तर पर कुछ विभिन्नतायें अवश्य होती हैं, अतः प्रत्येक **वनस्पतीय जगत** को लघु क्षेत्रीय **वनस्पतीय प्रान्तों** या **वनस्पतीय प्रदेशों** में विभक्त किया जाता है।

जैसाकि पूर्व में उल्लेख किया गया है कि समस्त पादप जगत में विभिन्न प्रकार के पादपों अथवा पौधों को सम्मिलित किया जाता है। वृक्ष घास, इसके प्रमुख उदाहरण है। इस प्रकार वनस्पतीय प्रदेश को **'Formation'** भी कहते हैं। किसी भी पारिस्थितिक तंत्र में या **आवास** में पौधों तथा प्राणियों के सम्मिलित रूप को **जीवोम** या **बायोम** कहते हैं। **भूमण्डल** के वनस्पतीय प्रदेशों का विकास मुख्य रूप से टर्शियरी युग में हुआ परन्तु **क्वाटरनरी युग** में हुए जलवायु परिवर्तनों के कारण इन वनस्पतीय प्रदेशों में भी परिमार्जन तथा परिवर्तन हुए। ज्ञातव्य है कि पादपों की कुछ जातियों का ही विश्वव्यापी वितरण सम्भव हो पाया है जबकि अधिकांश जातियाँ कुछ निश्चित स्थानों में ही सीमित हैं। अतः जातियों के व्यापक वितरण के आधार पर सम्पूर्ण संसार को छः प्रमुख स्थलीय पौधों या वनस्पति तन्त्र में विभाजित किया गया है जिनका वितरण इस प्रकार है-

1. **केप पादप जगत-**अफ्रीका महाद्वीप के दक्षिणी भू-भाग में इस पादप मण्डल का विस्तार है।। इस क्षेत्र में शल्क कन्द वाले पौधे अत्यधिक मात्र में पाए जाते हैं (ऐसे पौधों की जड़ों में मृदा के नीचे बल्ब या कन्द का जनन होता है, जिनसे नये पौधों का जनन होता है, जैसे कन्दमूल आदि)। इस तरह के पौधे वाटिका के पुष्पी पौधे होते हैं तथा Lobelia, Kniphogia, Erica Freesia आदि जातियाँ हैं। ज्ञातव्य है कि इस क्षेत्र के यूरोपीय लोगों द्वारा औपनिवेशिकरण के बाद इन पुष्पी जातियों के पौधों को विश्व के अधिकांश देशों की वाटिकाओं में फूलों के लिए ले जाया जाता है। यद्यपि इन **वाटिका पुष्पी पौधों** का अन्यत्र विसरण एवं वितरण हुआ है परन्तु अपने मूल स्थान में ही इनकी संख्या तथा क्षेत्र में ह्रास हो रहा है क्योंकि इन्हें हटाकर कृषि के अन्तर्गत भूमि का क्षेत्र बढ़ाया जा रहा है। जिन क्षेत्रों में अभी तक कृषि का प्रसार नहीं हुआ है वहाँ पर Sclerophyllous झाड़ियाँ पायी जाती है जिनकी

ऊँचाई एक मीटर से कई मीटर तक होती है। इनके नीचे **शाकीय झाड़ियाँ** होती हैं। ज्ञातव्य है कि इन वनस्पतियों के विकास के पहले यहाँ पर सदाबहार **शीतोष्ण कटिबन्धीय** वन थे, परन्तु यूरोपीय लोगों ने इन मौलिक वनों को साफ कर दिया तथा बाद में उक्त झाड़ियों का विकास हुआ।

2. **अण्टार्कटिक पादप जगत**-इसका विस्तार एक पतली मेखला में अण्टार्कटिका महाद्वीप के उत्तर में दक्षिण अमेरिका के पैटागोनिया तथा दक्षिणी **चिली** से **न्यूजीलैंड** तक पाया जाता है। इस जगत का सर्वप्रथम पौधा Nothofagus (दक्षिणी बीच) है। न्यूजीलैंड में देशीय शीतोष्ण घासों में (आज से लगभग 100 मिलियन वर्ष पूर्व) ऐसी जातियाँ विकसित थी जो गुच्छेदार होती थी जिनके साथ **नरकुल** तथा **द्विबीजपत्री** झाड़ियाँ भी थी। परन्तु यूरोपीय लोगों के आगमन के साथ ही इनमें पर्याप्त परिमार्जन हुआ है। इन परिमार्जित तथा रूपान्तरित घासों में आज भी दो प्रमुख प्रकार के क्षेत्र पाये जाते हैं-(i) लघु तृणगुच्छ घास क्षेत्र जिनमें **festuca** तथा **poa** प्रमुख जातियाँ हैं। इनकी ऊँचाई 0.5 मीटर तथा रंग पीला-भूरा होता है, **(ii)** उच्च तृणगुच्छ घास क्षेत्र में प्रमुख जाति **chiomechloa** है। न्यूजीलैंड के गर्म शीतोष्ण भागों में वनों में अनावृत्तबीजी तथा आवृत्तबीजी वृझों की अधिकता है अनावृत्तबीजी में कोणाधारी **परिवार** (family) में प्रमुख हैं-Podcarpaceae, Cupressaceae तथा Araucariaceae। आवृत्तबीजी समूह में पुष्पी पौधे आते हैं जिनमें प्रमुख हैं-Nothofagus। न्यूजीलैड के उपोष्ण कटिबन्धीय वन सदाबहार प्रकार के हैं जिनमें ऊँचे-ऊँचे वृझ घने आवरण के रूप में पाये जाते हैं। न्यूजीलैंड में मानव क्रिया-कलापों तथा यूरोप से लाये गये स्तनधारी पशुओं की वजह से वनस्पति तंत्र में बड़े पैमाने में परिवर्तन हो गया है।

3. आस्ट्रेलियन पादप जगत-इसके अन्तर्गत समस्त आस्ट्रेलिया महाद्वीप आता है तथा यहाँ पर विशिष्ट प्रकार के पौधे पाये जाते हैं जिनमें सर्वाधिक महत्त्वपूर्ण युकेलिप्टस है, जिसकी संख्या आस्ट्रेलिया के सम्पूर्ण वृझों का 75 प्रतिशत है। यहाँ पर युकेलिप्टस की 600 जातियाँ पायी जाती हैं। इनमें पर्याप्त विषमता पायी जाती है। ऊँचे तथा वृहदाकार व छायादार वृझों से लेकर युकेलिप्टस तथा मरुस्थलीय **बौने** वृझों तक होते हैं। युकेलिप्टस को **मिमोसा** का सम्बन्धी बताया जाता है जिसकी कुछ जातियाँ आज भी द. अमेरिका में पायी जाती है। आस्ट्रेलिया से युकेलिप्टस का मनुष्य ने प्रायः प्रत्येक महाद्वीप में **विसरण** किया है। भारत के प्रायः प्रत्येक प्रान्त में युकेलिप्टस के वृझ (मुख्य रूप से सड़कों तथा रेल लाइन के किनारे-किनारे) लगाये गये हैं तथा रेल विस्तार (मानव द्वारा) तीव्र गति से किया जा रहा है। महाद्वीपीय प्रवाह के कारण आस्ट्रेलिया के **पृथक्करण** के फलस्वरूप यहाँ पर विशेष **क्षेत्री वनस्पति** का विकास हुआ है।

4. **पुरा उष्णकटिबन्धीय जगत-**इस जगत में दक्षिण एशिया, दक्षिण पूर्वी एशिया, दक्षिण पश्चिम एशिया, चीन तथा अफ्रीका का अधिकांश भाग शामिल है इस वृहद् जगत को तीन प्रमुख उपजगत में विभक्त किया जाता है-अफ्रीका, उपजगत, भारत-मलाया उपजगत तथा पोलीनेसियन उपजगत तथा इन उपजगत को पुनः कई प्रदेशों में विभक्त किया जाता है। कुछ ऐसे पौधे हैं जो सभी प्रदेशों में पाये जाते हैं।

5. **नवीन अयनवर्तीय जगत-**इस जगत में दक्षिणी अमेरिका का दक्षिणी भाग को छोड़कर बाकी समस्त दक्षिणी अमेरिका को सम्मिलित किया गया है। **पुरायनवृत्तीय जगत** के वनस्पति प्रदेशों के कई वंश उभय रूप में मिलते हैं। प्रारम्भ में जबकि गोण्डवानालैंड के सभी सदस्य आपस में संलग्न थे **क्रीटैसियस युग** में उष्ण कटिबन्धीय पुष्पी पौधों का विकास गोण्डवानालैंड के अधिकांश भागों में हुआ। बाद में गोण्डवानालैंड के विभाजन तथा द. अमेरिका के पश्चिमी की ओर प्रवाह तथा अटलांटिक महासागर के **सागर-नितल प्रसरण** के फलस्वरूप विस्तार के कारण इसका गोण्डवानालैंड के अन्य सदस्यों से सम्बन्ध-विच्छेद हो गया जिस कारण (पृथक्करण isolation) द. अमेरिका तथा अफ्रीका की वनस्पतियों में अन्तर आ गया।

6. **उत्तरी पादप जगत-**इस जगत में यूरोप, उत्तरी एशिया, आर्कटिक, ग्रीनलैण्ड उत्तरी अमेरिका आदि को शामिल किया गया है। यह **वनस्पति जगत** में सर्वाधिक विस्तृत है। इसके अन्तर्गत कई उप-जगत तथा प्रदेशों का निर्धारण किया गया है यथा-रूस सागरीय प्रदेश, रॉकी पर्वतीय प्रदेश, अटलांटिक उत्तरी अमेरिकी प्रदेश, आर्कटिक तथा उप-आर्कटिक प्रदेश, यूरोसाइबेरियन प्रदेश आदि। इन उप-जगत तथा वनस्पति प्रदेशों का एक दूसरे से अलगाव महासागर, पर्वत, मरुस्थलीय अवरोधों द्वारा हुआ है।

सागरीय पौधों का वितरण

सागर वनस्पतियों का प्राथमिक उद्भव-स्थल है यहीं पौधे उद्भुत होकर स्थलीय भागों की ओर विस्तृत हुए। अतः इन पौधों को में बांटा जा सकता हैं-

(i) स्थलीय आवास

(ii) जलीय आवास

जलीय आवास को पुनः दो वृहद आवासों में विभक्त किया जाता है (i) **सागरीय आवास** तथा (ii) **अवलवणीय जलीय आवास** या स्थलस्थित जलीय भाग यथा नदी जिसमें जल सतत गतिशील रहता है एवं झील, तालाब, जलभण्डार जिनमें अपेक्षाकृत जल स्थिर रहता है)। सागरीय आवास को पुनः दो भागों में बांटा गया है जिसमें सागर की तली (sea bed) को ही सम्मिलित किया जाता है। सागरीय भागों में पादपों की स्थलीय पादपों की तुलना में बहुत कम प्रजातियाँ होती है। सागरीय पादप-जगत का निर्माण मुख्य रूप से **सूक्ष्मदर्शी फाइटोलैप्क्टन** तथा छिछले भागों की

तली में रहने वाले शैवाल (algae) से हुआ है। सागरीय पादपों में प्रायः समरूपता का मुख्य कारण यह है कि स्थलीय भागों की तरह इनमें **अवरोध** नहीं होते हैं, अपितु इनमें सागरीय गतियों के कारण पादपों में मुक्त मिश्रण होता रहता है तथा स्थलीय भागों की तरह तापमान में विषमता भी अधिक नहीं होती है। सागरीय पादपों में तली में रहने वाले तथा जल पर तैरने वाले पादपों में ही सर्वाधिक विषमता होती है। सागरीय पौधों को सागरीय तापमान की दृष्टि से प्रमुख दो वर्गों में वर्गीकृत किया गया है-

(i) गर्म जल वाले पादप तथा

(ii) शीतल जल वाले पादप।

सागरीय पादपों की सर्वाधिक जातियाँ (species) तथा वंश (genera) उष्ण कटिबन्धीय भाग के गर्म जलमंडल में पाये जाते हैं। इस प्रदेश को चार समूहों में बांटा गया है जो निम्नवत हैं-

(i) पश्चिमी

(ii) पूर्वी प्रशान्त महासागरीय अनवर्ती भाग।

(iii) अटलाण्टिक अयनवर्ती भाग,

(iv) हिन्द महासागरीय अयनवर्ती भाग,

पादपों के सर्वाधिक प्रकार हिन्द-प. प्रशान्त महासागरीय मंडल के जलमग्न तटीय क्षेत्रों में परिलाक्षित होते हैं।

7

वृक्षारोपण

आदि काल के दौरान मानव अपनी जरूरतों को पूरा करने के लिए प्रकृति पर आश्रित रहता था। अपने जीवन–यापन हेतु कन्दमूल, फल–फूल, पशुओं के शिकार और मछलियों पर आधारित था। इनकी खोज में दर–दर भटकना मानव की दिनचर्या थी। वनस्पतियाँ अपनी परिस्थिति के अनुसार विविध रूपों में उपलब्ध थी और तदनुसार उन पर पलने वाले जीव भी विविधता के द्योतक थे। मछलियों की उपलब्धता जल श्रोतों यथा–जलाशय, नदी, समुद्र पर निर्भर थी। पर्यावरण में होने वाले बदलाव का असर वनस्पतियों और जीवों पर पड़ना स्वाभाविक था। अतः ऐसी दशा में आखेटक समाज को एक जगह ठहरना कठिन था। लेकिन मछली को भोजन का आधार बनाने वाले मानव वर्ग के लिए जलश्रोत के किनारे डेरा डालना अनिवार्य था। ऐसे आदि मछुआरों द्वारा मछली के साथ पास के जंगल से प्राप्त फल, फूल, कन्दमूल आदि का भोजन के साथ उपयोग स्वाभाविक था, क्योंकि पर्याप्त शिकार की कमी में जंगल की ओर मुड़ना सामान्य प्रक्रिया रही होगी। सम्भव है कि ऐसे मछुआरे जो मछली मारने के लिए अपेक्षाकृत अधिक देर तक एक स्थान पर रहने के लिए बाध्य थे, अपने आवास के लिए झोपड़ी का निर्माण किये होंगे। अनुमान है कि इन्हीं झोपड़ियों के पास भोजन के बाद बची वनस्पति सामग्री बीज, डंठल, जड़, गुठली, आदि कूड़ा के ढेर पर डाल दी गई होगी जो अनुकूल मौसम में अंकुरित होकर पौधों का रूप ले ली होगी और आदि मानव को इससे पौधा लगाने की प्रेरणा मिली होगी। अधिकांश विद्वान इस अवधारणा से सहमत हैं। इस प्रकार वृक्षारोपण जिज्ञासा से शुरू हुआ जो आगे चलकर मानव जीवन का एक अहम अंग बन गया। ऐसा इसलिए हुआ क्योंकि मनुष्य ने इसकी उपयोगिता को समझा।

कुछ विद्वान सम्भावना व्यक्त करते हैं कि पुरुष बाहरी कार्य जैसे शिकार आदि करते होंगे और महिलायें गृहस्थी का कार्य करती रही होगीं। महिलायें अपने

निवास के आस–पास पौधों को उगाने और उससे भोजन सामग्री प्राप्त करने का प्रयत्न की होगी और बाद में उपयोगिता के कारण पुरुष भी इस कार्य में जुट गये होंगे। इससे भोजन की निश्चिन्तता के साथ एक स्थान पर देर तक रहने और आवास बनाने की प्रक्रिया प्रारंभ हुई होगी। कालान्तर में विकसित होकर पौध पालन कृषि और बागवानी का रूप ग्रहण कर लिया होगा। इस स्थिति पर पहुंचने में मानव का बहुत ही ज्यादा समय (हजारों वर्ष) लगा होगा।

आज वृक्षापरोपण व पशुपालन एक व्यवसाय बन गया है। लोग इस तरफ विशेष ध्यान दे रहे हैं। वृक्षारोपण व पशुपालन कई प्रकार से होते हैं। इनको जिस रूप से पृथ्वी के धरातल पर वितरित पाया जाता है इसमें से अनेक अपने घर क्षेत्र से स्थानान्तरित होकर फल–फूल रहे हैं। विद्वानों का मानना है कि पौधों और प्राणियों का विसरण आदिकाल से होता रहा है। जिसकी कहानी अति जटिल है। विसरण की प्रक्रिया प्राकृतिक और कृत्रिम दोनों ढंगों से हुई है।

पौधों और जीवों के प्रादुर्भाव की भौतिक परिस्थितियाँ

पृथ्वी पर पौधे और जीवों का प्रादुर्भाव तथा विकास पूरी तरह प्रकृति पर आधारित है। आवास्य की संरचना में जलवायु, मृदा, धरातल आदि की प्रमुख भूमिका होती है। भिन्नता से विविध आवासीय स्वरूप विकसित होते हैं। जिसके कारण पौधे और जीव विभिन्न प्रकार के पाये जाते हैं। पौधों की उत्पत्ति तथा विकास की कहानी कई उतार–चढ़ाव से गुजरी है। इस लम्बी अवधि में पर्यावरणीय परिवर्तनों के अनेक प्रमाण खोज निकाले गये हैं। वैज्ञानिकों का विचार है कि पृथ्वी तल पर आज जो वनस्पति का आवरण है उसका इतिहास उत्तर हिमयुग के बाद शुरू हुआ। हिम युग समापन के बाद जो पर्यावरण पृथ्वी तल पर विकसित हुआ उसके अनुसार ही पौधों और जीवों की उत्पत्ति और विकास हुआ। इस पर्यावरणीय घटना के कारण पृथ्वी तल पर पौधों के निवास्थ के लिए तीन प्रधान परिस्थितिय विकसित हुई–

1. सबसे अधिक उपयुक्त परिस्थिति का क्षेत्र,
2. सामान्य उपयुक्त क्षेत्र और
3. अनुपयुक्त क्षेत्र।

उपरोक्त में सर्वाधिक उपयुक्त परिस्थिति वाले क्षेत्र में भारत के अलावा विश्व ा काफी भाग शामिल है। जैसे–दक्षिणी–पूर्वी एशिया, दक्षिणी चीन, अफगानिस्तान, ईरान, इराक और एशिया माइनर अफ्रीका का मध्यवर्ती पूर्वी भाग और गीनी तट तथा अमेरिका का मध्यवर्ती भाग सहित एण्डीज का कुछ भाग और ब्राजील का पठारी भाग आदि, जहाँ तापमान, नमी, मृदा और धरातल आदि सबसे उपयुक्त

दशा में है। स्वभावतः आदिकाल में यहाँ वानस्पतिक आवरण सबसे अच्छा और विकास के लिए सबसे उपयुक्त भौतिक परिस्थिति थी। इन्हीं क्षेत्रें में सबसे पहले मानव समुदाय द्वारा पौधों का पालन शुरू हुआ होगा। इन क्षेत्रें की बाहरी सीमा पर एशिया, अफ्रीका और अमेरिका में सामान्य स्थिति और इनके उत्तर और दक्षिण जहाँ तापमान की कमी या शुष्कता की प्रधानता थी, पौधों की उत्पत्ति और विकास के लिए न्यूनतम संभावनाएं थी। स्पष्ट है कि पौधों के पालन में सामान्य वर्षा, तापमान, मिट्टी का प्रभाव प्रधान था। यहाँ जो पौधे आसानी से पनप सकते थे उन्हीं की ओर ज्यादा ध्यान दिया गया होगा।

विद्वानों का मानना है कि घरेलू पौधों की उत्पत्ति एशियाई प्रखण्ड में हुई है। यहीं पर खाद्यान्न सामग्री जैसे–धान, गेहूँ, जौ, ज्वार, बाजरा आदि, प्रमुख रेशेदार पौधे जैसे–रूई, पटसन पेय फसलें जैसे–चाय, काफी और अनेक नकदी फसलें जैसे–गन्ना, केला विविध रसदार और गुदादार फल, साग सब्जी आदि की उत्पत्ति हुई। इस प्रखण्ड में निर्वासित मानव समाज को अग्रणी पौधों के पालक के रूप में मान्यता मिल चुकी है। अतः मानव समाज की आदि संस्कृति का क्रोड भी इसी क्षेत्र को माना जाना चाहिए। पौधों के पालन के साथ यहाँ पशुपालन भी प्रारंभ हुआ क्योंकि पशुपालन से दोहरा लाभ होता है। एक तो ये कृषि कार्य में उपयोगी होते हैं और दूसरे इनसे दूध की प्राप्ति होती है।

ऐसे में यह कहा जा सकता है कि एशिया ने ही घरेलू पौधों का विकास किया है। पौधों के पालन के साथ उनके विसरण का पक्ष भी कम महत्वपूर्ण नहीं है, क्योंकि आज संसार में जिस रूप में पौधे वितरित पाये जाते है। उनमें से अनेक अपनी मातृ भूमि से परे ज्यादा विकास रहे हैं।

पौधों का स्थानान्तरण

इस समय पौधे जिस स्वरूप में हैं, उनमें इनके स्थानान्तरण का व्यापक योगदान है। इनके स्थानान्तरण की प्रक्रिया को दो वर्गों मे रखा जा सकता है–प्राकृतिक स्थानान्तरण व कृत्रिम स्थानान्तरण। इन्हें वृहद रूप में निम्न प्रकार स्पष्ट किया गया है–

1. **नैसर्गिक स्थानान्तरण**–हवा, प्रवाहित जल, हिमनद, समुद्री धारायें, पक्षी और महाद्वीपों के विस्थापन से पौधों के बीज, जड़, डंठल और पत्ती आदि का स्थानान्तरण होता है, जो प्राकृतिक स्थानान्तरण की श्रेणी में आता है। पौधों के स्थानान्तरण में बीजों का स्थानान्तरण सबसे प्रमुख है क्योंकि इनका परिवहन सबसे सरल है। स्थानान्तरित होकर जब पौधे नये आवास में पहुंचते हैं तो उनको अनुकूल और प्रतिकूल आवासों का मुकाबला करना पड़ता है। इस प्रक्रिया में उन्हें

नये आवास में अपने को समायोजित करना होता है। इस प्रक्रिया में पौधों के रूप, रंग और गुण में भी बदलाव आ जाते हैं। साथ ही नये आवास की उपयुक्तता से अप्रत्याशित विकास भी होता है। आज अनेक पोषित पौधे अपने जन्म स्थान की तुलना में नये स्थानों पर स्थानान्तरित होकर ज्यादा फल–फूल रहे हैं। ऐसे पौधों में रबर, गन्ना, कॉफी, कपास, तम्बाकू, गेहूँ मक्का आदि के नाम विशेष उल्लेखनीय हैं लेकिन प्रतिकूल आवास में पौधे नष्ट भी ही जाते हैं।

2. कृत्रिम स्थानान्तरण–मानव द्वारा किसी विशेष उद्देश्यों से पौधों का स्थानान्तरण करने और कभी–कभी बिना उद्देश्य भी अनजाने में ऐसा स्थानान्तरण हो जाने को कृत्रिम स्थानान्तरण कहा जाता है। यही नहीं पौधों का कृत्रिम चयन परागण तथा वनस्पतियों का प्रवर्धन द्वारा नई जातियों का विकास मानव द्वारा पौधे–विसरण की अनोखी घटना है। आज पौधों के लिए कृत्रिम पर्यावरण की रचना तथा नई प्रजातियों की सहन क्षमता का विकास पौध–विसरण का आधार बन गया है। आर्कटिक वृत तक गेहूँ और जौ की कृषि तथा समशीतोष्ण जलवायु में उष्ण जलवायु के पौधों की खेती इसके प्रमाण हैं। ऐसे पौधे–आवास को संकर आवास कहा जाता है।

इस प्रकार पौधों के स्थानान्तरण में मनुष्य की भूमिका सबसे महत्वपूर्ण है। ऐसे विसरण के सुप्रभाव और कुप्रभाव दोनों देखने को मिलते हैं। पौधों की तरह जानवरों का विसरण भी प्राकृतिक और कृत्रिम दोनों प्रकार का होता है। कृत्रिम विसरण के लिए मानव की भूमिका सर्वोपरि है। भारत में यूरोप की जर्सी गाय का आगमन इसका जीता–जागता प्रमाण है।

मानव द्वारा पौधों और पशुओं का संरक्षण–समय गुजरने के साथ–साथ मानव में वृक्षारोपण और पशुपालन की प्रवृत्ति बढ़ी है। इससे मानव को भोजन की तलाश में दर–दर भटकने से राहत मिलने लगी तथा एक साथ रहने, आपसी सहयोग से काम करने, दुख–सुख में हिस्सा बंटाने और प्राकृतिक आपदाओं जैसे–वर्षा, धूप, शीत से रक्षा के लिए घर बनाने का मौका मिला। यहीं से घुमक्कड़ी प्रधान मानव समाज स्थिर होना प्रारंभ हुआ। इस क्रम में मानव समुदाय अनेक जातियों के पौधों को उपयोगी पाकर उपयुक्त स्थल पर उगाने का प्रयत्न करने लगा। इस युग को उत्तर पाषाण काल के रूप में माना गया है।

मानव द्वारा पौधों के संरक्षण में जलवायु ने भी महत्वपूर्ण योगदान दिया है, क्योंकि रोपित पौधों को पर्याप्त नमी पहुंचाने की कला (सिंचाई) उसे मालूम नहीं थी। उन क्षेत्रें में पौधों का पालन आसान था जहाँ जलवायु अनुकूल थी और साथ ही उपयोगी पौधे पर्याप्त संख्या में उपलब्ध थे। ऐसे क्षेत्रें में चयन की प्रक्रिया भी

आसान रही होगी। जिन पौधों से अपेक्षाकृत अधिक भोजन की प्राप्ति होती होगी उनका लालन–पालन ज्यादा हुआ होगा। इस प्रकार धीरे–धीरे पालतू पौधों की संख्या बढ़ती गई जो आज खेत से घर तक जीवन के आधार हैं। आज न केवल फसलगत पौधे पालतू पौधों की श्रेणी में हैं अपितु जंगल भी मानव जीवन का अभिन्न अंग बन गया है।

यह कहा जा सकता है कि पशु आज हमारे जीवन हेतु बहुत ही उपयोगी हो गये हैं। ये हमारे कई कार्यों में उपयोगी साबित होते हैं। पशुओं का प्रयोग कृषि कार्य में तो होता है। साथ ही इनसे हमारी जरूरत की कई चीजें भी प्राप्त होती ह
जैसे–दूध, मांस, खाल, सुरक्षा, मनोरंजन आदि। आज विविध प्रकार के पशु–उत्पाद घर से लेकर कारखानों तक प्रयुक्त हो रहे हैं। कृषि परिवहन और पर्यावरण संतुलन के लिए, इनकी भूमिका सर्वज्ञात है।

पौधों के प्रादुर्भाव एवं प्रगति के आदिम स्थान–दक्षिणी एवं दक्षिणी–पूर्वी एशिया सहित पश्चिमी एशिया, उ. पू. अफ्रीका और मध्यवर्ती अमेरिका के लघु भाग को पौधों के उद्‌भव व विकास हेतु बहुत ही उपयोगी माना गया। यह परिस्थिति वृहद् हिमयुग के बारे विकसित हुई क्योंकि उसके बाद कोई महत्वपूर्ण पर्यावरणीय बदलाव नहीं हुआ। इन तथ्यों को ध्यान में रखते हुए **कार्लसावर** महोदय का कहना है कि पौधों के पालन की आदिस्थलों भारत सहित दक्षिणी पूर्वी एशिया और दक्षिणी चीन का प्रखण्ड है, जहाँ पौधे–पोषण की अनुकूलतम परिस्थितियाँ उपलब्ध थी। अनेक पुरातत्वीय प्रमाण भी इस अवधारण को मजबूती देते हैं।

कुछ विद्वानों का यह मानना है कि पौधों का पालन लगभग पन्द्रह से बीस हजार साल पहले विभिन्न स्थलों पर कुछ आगे पीछे शुरू हुआ, लेकिन इस सम्बन्ध में स्पष्ट प्रमाण का अभाव है।

इस सन्दर्भ में कई विद्वानों ने कार्ल सावर के विचार का समर्थन किया है। इनकी धारणा यह है कि भारत, म्याँमार, थाईलैंड, स्याम, द. चीन, मलाया और हिन्देशिया का प्रखण्ड पौधे–पालन की आदि स्थली है। इस क्षेत्र में सबसे पहले धान, ज्वार, बाजरा, जौ, सोयाबीन, गन्ना, केला, चाय, अरूई, आड़ू, रसदार फल, गुदादार फल और कुछ रेशेदार पौधों को पालतू बनाकर उनकी कृषि शुरू की गयी। फलतः यह क्षेत्र कृषि कला में संसार का अगुआ क्षेत्र बन गया। निःसंदेह यह कहा जा सकता है कि वैदिक काल में भारत कृषि और बागवानी में अग्रणी राष्ट्र बन गया था। यहीं सबसे पहले पशुओं का उपयोग कृषि और परिवहन तथा

पशु उत्पादों के लिए शुरू किया गया। इसी क्षेत्र में सर्वप्रथम धान की कृषि में पशु शक्ति का उपयोग किया गया। इस आदिस्थली से कृषि और पशुपालन कला का विस्तार अन्य क्षेत्रें में हुआ जिसमें मेसोपोटामिया, अबीसीनिया, ह्वांगहो घाटी, नील घाटी आदि क्षेत्र विशेष उल्लेखनीय हैं। कुछ विद्वान इन क्षेत्रें में स्वतंत्र विकास की सम्भावना व्यक्त करते हैं चूंकि स्थल मार्ग से ये सभी क्षेत्र सम्बद्ध हैं फलतः कृषि कला का विस्तार या आदान–प्रदान सुविधा से होता होगा।

इस प्रकार वृक्षारोपण और पशुपालन के साथ–साथ कृषि का भी विस्तार होता रहा और धीरे–धीरे ये उ. पू. अफ्रीका और पश्चिमी एशिया से उत्तरी अफ्रीका होती हुई यूरोप में फैली। बाद में अबीसीनिया से यह अफ्रीका महाद्वीप के अन्य भागों में फैलती गई। एशिया अफ्रीकी क्षेत्रें से पृथक्–पृथक मध्यवर्ती अमेरिका और एण्डीज क्षेत्र में कृषि और पशुपालन का विकास कुछ उलझा प्रश्न है। वास्तव में अटलांटिक महासागर से विस्तार के कारण यह उलझन है। कुछ विद्वानों का विचार है कि इसमें कृषि कला का विकास स्वतंन्त्र रूप में हुआ जबकि कुछ का मानना है कि यह कला अफ्रीका और एशिया से ही यहाँ पहुंची। मैक्सिको की पुरातत्वीय सामग्री भारतीय मान्यताओं के अनुकूल पाकर यह अवधारणा बलवती हो रही है कि यहाँ कृषि कला एशिया से आई। साथ ही सामान्य नाव से अटलांटिक पार कर मानव ने प्रमाणित कर दिया है कि अटलांटिक पहले भी इसी प्रकार पार किया गया होगा। विद्वानों का मत है कि मक्का, आलू, मूंगफली, कसावा, अन्नास, ककोआ और तम्बाकू की आदिस्थली मैक्सिको और एन्डीज प्रखण्ड है। 15वीं सदी में यूरोपीय लोगों के अगमन के समय इन फसलों की व्यवस्थित खेती इन क्षेत्रें में पायी गयी थी। इस प्रकार दक्षिणी एवं द. पू. एशिया, प. एशिया एवं उ. पू. अफ्रीका में सभी प्रमुख अन्न, रेशेदार पौधे, फल, साग सब्जी तिलहन, दलहन आदि फसलों की प्रथम खेती हुई।

प्राकृतिक वनस्पति का प्रभावः-

प्राकृतिक वनस्पति एवं मानव के बीच अत्याधिक समीप का सम्बन्ध है। प्राकृतिक वनस्पतियों की ही देन है जो मानव सांस लेता है। वायु ही मनुष्य का जीवन है अतः वनस्पति के बिना मानव जीवन असम्भव है। पारिस्थितिक तंत्र के संतुलन में वनस्पतियों का सर्वाधिक महत्त्वपूर्ण योगदान है। विभिन्न प्रदेशों में रहने वाले मानव समूहों को भोजन, वस्त्र, आश्रय आदि अनिवार्य आवश्यकताओं की पूर्ति स्थानीय रूप से प्राप्त पेड़-पौधों से होती है। प्राकृतिक वनस्पतियों पर मुख्यतः जलवायु और मिट्टी का प्रभाव पाया जाता है। सामान्यतः समान प्रकार के जलवायु प्रदेश में समान प्रकार की प्राकृतिक वनस्पतियाँ पाई जाती है। विभिन्न जलवायु प्रदेशों में भिन्न-भिन्न वनस्पतियाँ विकसित होती हैं,

जिसके कारण मानव व्यवसाय में भी अन्तर पाया जाता है।

प्राकृतिक वनस्पतियों का मानवीय आर्थिक व्यवस्था पर विशेष रूप से प्रभाव पड़ता है। प्राकृतिक सम्पदाओं व वनस्पतियों का मानव व्यापार पर पड़ने वाले कुछ प्रमुख प्रभावों को बिन्दुगत रूप में किया गया है-

(1) कम वर्षा वाले क्षेत्रें में घास के मैदान पाए जाते हैं। घास के मैदानों की दो पेटियाँ हैं-(i) **उष्ण घास के मैदान** (सवाना घास प्रदेश) जिनमें कठोर और लम्बी घासें उगती हैं जो पशुओं के चारे के लिए सर्वोत्तम होती हैं। विश्व के शीतोष्ण घास के मैदान यूरेशिया (स्टेपीज), उत्तरी अमेरिका (प्रेयरी), दक्षिणी अमेरिका (पम्पास), दक्षिण अफ्रीका (वेल्ड) और ऑस्ट्रेलिया (डाउन्स) के शीतोष्ण भागों में स्थित हैं जहाँ भेड़, बकरियाँ, गायें आदि पशु दूध, माँस, ऊन, चमड़े आदि के लिए पाले जाते हैं। शीतोष्ण घास मैदानों के बड़े भाग पर घासों को साफ करके आधुनिक कृषि यंत्रें तथा वैज्ञानिक विधियों से गेहूँ, जौ, कपास आदि की कृषि बड़े-बड़े फार्मों पर की जाती है।

(2) शीत प्रधान टुण्ड्रा प्रदेशों में बर्फ के पिघलने पर लाइकेन, शैवाल जैसी कुछ रंग-बिरंगे फूलों वाली अत्यन्त लघु वनस्पतियों उगती हैं किन्तु वर्ष के अधिकांश महीनों में वहाँ बर्फ जमी रहती है। इन प्रदेशों के निवासी-एस्किमो, लैप, समोपद, चुकची आदि मछलियों तथा अन्य जीवों के शिकार से भोजन प्राप्त करते हैं।

(3) शुष्क तथा अर्द्ध शुष्क प्रदेशों में छोटे वृक्ष या कंटीली झाड़ियाँ उगती हैं। इन भागों में पशुचारण ही मुख्य व्यवसाय होता है और चरवाहे अपने पशुओं के साथ चारागाहों की खोज में भ्रमणशील रहते हैं।

(4) भूमध्य रेखीय प्रदेशों में वर्षा प्रचुर सघन वन पाए जाते हैं, जिनकी लकड़ी कठोर और मजबूत होती है किन्तु इनका उपयोग औद्योगिक कार्यों में कम होता है। इन कठोर लकड़ियों का उपयोग सामान्यतः रेल के स्लीपर, डिब्बे, लकड़ी के लट्ठे तथा भवन निर्माण सामग्री के रूप में किया जाता है। इसके विपरीत शीतोष्ण कटबंधीय वनों की लकड़ियाँ कोमल होती हैं जिनका उपयोग कागज, लुग्दी, दियासलाई (माचिस) आदि विविध औद्योगिक कार्यों में किया जाता है। अतः इन वनों की लकड़ी का प्रयोग औद्योगिक कच्चे माल के रूप में किया जाता है।

(5) मानसूनी प्रदेशों के आर्द्र भागों में चौड़ी पत्ती वाले वर्णपाती वन उगते हैं। मैदानी भागों में वन को साफ करके खेती की जाती है। ये वन अब दुर्गम तथा पर्वतीय भागों में ही सुरक्षित रह गए हैं। साल, सागौन, आम, नीम, पीपल, बरगद, महुआ शीशम, जामुन आदि मानसूनी वन के वृक्ष हैं जिनसे उपयोगी फल और लकड़ियाँ प्राप्त होती हैं।

प्राच्य युग के मानव सभ्यता का विकास उस क्षेत्रें में हुआ जहां वन क्षेत्रें की बाहुल्यता नहीं थी अर्थात् आर्द्र क्षेत्रें में हुआ था। सिन्धु घाटी, मेसोपोटामिया, बेबीलोनिया,

असीरिया, मिस्र आदि की सभ्यताएँ ऐसे ही अर्द्धशुष्क में विकसित हुई थीं। आदि कालीन मानव के लिए वन प्रायः अवरोधक के रूप में थे। आज भी मध्य रेखीय सघन वन प्रदेश विश्व के सर्वाधिक पिछड़े हुए और अल्प-जनसंख्या वाले प्रदेश हैं। मानव और वनों के पारस्परिक सम्बन्धों की व्याख्या करते हुए **राफेल जोन** (Raphel Zone) महोदय ने मानव उद्‌भव की प्रमुख तीन समस्याओं पर प्रकाश डाला है जो निम्नलिखित है-

वनों पर शासित सभ्यता-इसके अन्तर्गत संयुक्त राज्य व उत्तरी पश्चिमी यूरोप के विकसित देश सम्मिलित हैं जहाँ वन मानव द्वारा नियंत्रि हैं।

वनों पर हाबी सभ्यता-ऐसे प्रदेश जहाँ मैदानी लोगों में वनों को साफ करके भूमि का उपयोग कृषि के लिए किया जाता है किन्तु पर्वतीय तथा दुर्गम लोगों में वन संरक्षित हैं। एशिया और मध्य अमेरिका के अधिकांश भाग इसके अन्तर्गत आते हैं।

वनों द्वारा शासित सभ्यता-जहाँ मानव क्रियाएँ वनों द्वारा नियंत्रि हैं जैसे कांगो बेसिन और आमेजन बेसिन के वन प्रदेश।

8

जीवन के उपयोगी प्रमुख वृक्ष

आम

आम भारत में गर्म जलवायु के श्रेष्ठ फलों में विशेष महत्त्व रखता है। भारतवर्ष के करीब-करीब सभी भागों में आम का उत्पादन किया जाता है। आम कई प्रकार के होते है। जैसे—लंगड़ा, दशहरी, लंगड़ा, सीपिया, सरोली, कलमी आदि।

जलवायु व भूमि—आम की खेती विभिन्न प्रकार की जलवायु में की जा सकती है, लेकिन इसकी खेती के लिये गर्म व तर जलवायु सबसे अच्छी रहती है। आम के वृक्षों को लगाने के लिये जालुबन्धित, कंकरीली, पथरीली तथा क्षारीय भूमि नहीं होनी चाहिये। बाकी सभी प्रकार की भूमि में आम का पौधा लगाया जा सकता है।

आम का पौधा लगाना—आम का पौधा लगाने से पूर्व भूमि को अच्छी तरह तैयार कर लेना चाहिये। गर्मी के दिनों में 10 से.मी. का गड्ढा खोदना चाहिए जो कि लगभग इतना ही गहरा व चौड़ा हो। इसमें आवश्यकतानुसार गोबर की खाद डालनी चाहिए तथा एक किलोग्राम बुडएश और ½ किलोग्राम बोनमील मिट्‌टी के साथ गड्ढे को भर देना चाहिए। जब इसमें एक दो बार पानी पड़ जावे तथा मिट्‌टी जम जावे जब पौधा लगाना चाहिए।

पौधा लगाने के बाद भी खाद का ध्यान रखना आवश्यक है। जैसे-जैसे पौधा बढ़ता है खाद की मात्रा को भी बढ़ाते रहना चाहिए।

सिंचाई—एक वर्ष की आयु के पौधे को हर तीसरे रोज पानी देना चाहिए। दो साल के बाद सर्दी के मौसम में पाँच दिन के अन्तर पर पानी देना चाहिए।

फूलों का आना तथा उनकी रक्षा—आम के पौधे पर 5 से 7 वर्ष की आयु में फूल आने लग जाते हैं, परन्तु पहली बार फूलों को तोड़ दें तो अच्छा रहता है, क्योंकि इससे पौधे की बढ़ोत्तरी रुक जाती है। भारत के अधिकांश भागों में दिसम्बर से जनवरी में फूल आते हैं। उत्तरी भारत में आम के पौधे पर फरवरी व मार्च के महीने में फूल आते हैं।

फलों की तुड़ाई—आम के फल सभी एक साथ नहीं पकते हैं। उत्तरी भारत में

फलों की तुड़ाई का समय जून से अगस्त तक होता है। जब कुछ फल पेड़ से गिरने लगते हैं तो समझ लेना चाहिए कि अब फल पकने लग गये हैं। तोड़ने से पहले फलों को अधिक नहीं पकने देना चाहिए।

फल पकाना—कच्चे फलों को पकाने के लिए इन्हें पत्तियों पर दो दिन के लिए फैला देना चाहिए तथा इन पर भी पत्तियाँ बिछा देनी चाहिए। घरों में विशेष प्रकार के पौधे लगाये जा सकते हैं, जो कि ज्यादा बड़े नहीं होते हैं तथा कम समय में ही फल देना प्रारम्भ कर देते हैं।

आम के वृक्षों में भी कीड़े लग जाते हैं अतः समय-समय पर उसमें कीटनाशक औषधियों का भी प्रयोग करना चाहिए।

अमरूद

आम की तरह अमरूद का फल भी खाने योग्य होता है। इसके पके फल खाने में चटनी बनाने में तथा शर्बत बनाने के काम में आते हैं। अमरूद में सन्तरे से पाँच गुना व टमाटर से 10 गुना विटामिन सी पाया जाता है।

जलवायु व भूमि—अमरूद के लिए सामान्य जलवायु की आवश्यकता होती है। भारत में सभी स्थानों पर अमरूद की पौध लगाई जा सकती है। लेकिन इसके लिए बलुई दोमट मिट्टी सर्वोत्तम रहती है। यह अम्लीय एवं क्षारीय भूमि में भी उगाया जा सकता है। अमरूद की कई जातियाँ होती हैं।

पौधा लगाना—अमरूद का पौधा लगाने के लिये मिट्टी में गड्ढा बनाकर उसमें खाद डाल देनी चाहिए। इसके बाद नर्सरी से पौधा लाकर उसे अच्छी तरह से गाड़ देना चाहिए। इसके बाद पौधों में पानी देना चाहिए।

खाद देना—जैसे-जैसे पौधा बढ़ता जाता है, उसमें खाद डालते रहना चाहिए। इसमें गोबर की खाद, सुपर फास्फेट आदि उचित मात्रा में देते रहना चाहिए। खाद की मात्रा प्रति वर्ष बढ़ाते रहना अच्छा है।

सिंचाई—अमरूद का पौधा लगाने के तीन वर्ष तक नवम्बर से फरवारी तक सिंचाई, फरवरी से मार्च तक 10 से 15 दिन के अन्दर में तथा मई व जून में प्रत्येक सप्ताह सिंचाई करनी चाहिए। चौथे वर्ष अक्टूबर से जनवरी तक दो सिंचाई करनी चाहिए।

निराई व गुड़ाई—पौधे के थालों को फावड़े से समय-समय पर साफ करना चाहिए। अमरूद के पौधे के पास टमाटर, बैंगन, आलू, भिण्डी, मटर व प्याज भी उगा सकते हैं।

पौधे की छंटाई— पौधों की 70 से.मी. की ऊँचाई से अगली कली से काट देना चाहिए, फिर चार पाँच अच्छी शाखाओं को छोड़कर शेष सभी को काटते रहना चाहिए।

फल संचय करना—अमरूद के फल को कुछ पीला होते ही हाथ से तोड़ लेना

चाहिए।

अमरूद के पौधों में भी कीड़ों की संभावना रहती है। अतः समय–समय पर इसमें कीटनाशक दवाओं का प्रयोग करते रहना चाहिए।

इसी प्रकार से पपीता, अंगूर, नींबू, अनार आदि के पौधे अपने घर के पास की खाली जगह में या विद्यालय के लघु उद्यान में लगाये जा सकते हैं।

ऑरेन्ज Orange (Citrus Aurantium)

समस्त प्रकार के नींबू व नारंगी (संतरे) का वर्ग नारंग्यादि वर्ग (W.O Aurantiaeeac) माना जाता हैं। नारंगी भी नींबू की ही तरह का मध्यम–वृक्ष है यह झाड़ी है न वृक्ष। भारत में अधिकांश क्षेत्रों में नारंगी को ही संतरा भी कहा जाता है। कुछ विशेषज्ञ नारंगी ओर संतरें को एक ही वर्ग की दो किस्में मानते हैं वमल व जो फल खट्टा–मीठा होता है उसे नारंगी और जो मीठा होता है उसे संतरा कह देते हैं। नेपाल, दार्जिलिंग और इलाम क्षेत्रों में इसे ''सन्तोला'' कहते हैं।

लेटिन में दोनों के लिए एक ही नाम ''साइट्रस ओरेन्जियम (Citrus-Orangium) प्रयुक्त होता है। अरबी में इसे नीरंज कहते हैं।

इसका वृक्ष नींबू के वृक्ष के अनुरूप ही होता हैं; वैसा ही तना, पत्ते, फूल। नींबू के फल छोटे होते हैं, नांरगी के फल नींबू से पाँच–छह गुणा बड़े होते है।

नांरगी फल,–गोल, मध्यम, एवं धुव्रों पर चपटापन लिए हुए पकने पर नांरगी रंग के होते हैं। पीले रंग में लाल व हरे रंग की आभा के सम्मिश्रण से बना यह रंग ''नारंगी'' रंग कहलाता है।

इसके फल का वजन 125 से 175 ग्राम तक होता है। इसका छिलका पकने पर पीले रंग में हल्की लाल रंग की आभा के सम्मिश्रण वाला, होता है। छिलका पतला, व चमकदार होता है। गुदा हल्का पीलापन लिए होता है। इसमें मनमोहक सुगन्ध होती है।

इसके छिलके की मोटाई प्रायः 0.25 सेंटीमीटर होती है। इस फल को प्रायः तीन ''बहारें आती हैं। बहार से तात्पर्य फूलों और फलों के लगने से है। (1) मृग बहार (जून. जुलाई में) (2) हस्वी बहार (सितम्बर–अक्टूबर में) (3) अमिया बहार (फरवरी मार्च में) आती है। अधिकांश राज्यों में मृग बहार की फसल ही ली जाती है। शेष बहारों में आए फूलों को झड़वा (गिरा) दिए जाते हैं। मृग बहार में प्रति पौधा लगभग 150 किलों फल उतारे जा सकते है। जबकि नीम्बू के 40–50 किलो प्रति पौधा।

यह सर्वथा निरापद आहार है। एक व्यक्ति को जितनी विटामिन की

आवश्यकता होती है वह एक नारंगी प्रतिदिन खा लेने से उसकी पूर्ति हो जाती है। नारंगी प्रातः भूखे पेट या खाना खाने के पाँच घण्टे बाद सेवन करने से स्वास्थ्य सही बना रहता है। यह शीतल और मन को आनन्दित करने वाला फल है। सभी प्रवृत्ति वालों और सभी अवस्था वालों के लिए इसका सेवन आरोग्य प्रदान करता है।

उत्पत्ति स्थल–

अधिकांश विशेषज्ञ इसे अरब मूल का फाल मानते हैं। कहते हैं कि अरब से यह पौधा व्यापारी काफिलों के साथ भारत आया और फिर धीरे–धीरे सम्पूर्ण एशिया में विस्तार पाता गया। अरब व्यापारियों को भारत तक का लम्बा रास्ता ऊँटों पर पार करने में कई दिन लग जाते थे। यात्रा की थकान, ग्रीष्म की घबराहट से व तीव्र हवा के प्रभाव से बचाव के लिए नारंगी का उपयोग करते थे।

कुछ इतिहासकार इस मत को भ्रामक मानते हैं। झांसी आयुर्वेद विश्वविद्यालय झांसी के संस्थापक पं. रघुनाथ विनायक धूलेकर के अनुसार चरक और सश्रुत जैसे प्राचीन ग्रन्थों में नारंगी शब्द और इस के गुणधर्म का सुव्यवस्थित वर्णन उपलब्ध है। अरबी शब्द **''नारंज''** नारंग का भी अपभ्रंश है। यह यूरोपीय प्रान्त का शब्द है। भाषा वैज्ञानिकों के अनुसार अंग्रेजी शब्द **''ऑरेंज''** नारंग का ही कालन्तर में रूपान्तरित शब्द है।

भारत में इसकी मुख्य खेती नागपुर, दार्जिलिंग गोहाटी, सिलहट, नेपाल, मध्यप्रदेश आदि क्षेत्रों में वृहदायोज़ित होती आई है। नागपुरी संतरे विश्व में लोकप्रिय है। वर्तमान में कम ज्यादा भारत के सभी प्रान्तों में पैदा किए जा रहे हैं।

नाम वैविध्य

संस्कृत – नारंग, नागरंग, मुखप्रिय न्चक्सुगंध
हिन्दी – नारंगी, संतरा
गुजराती – नारंगी
मराठी – नारिंग, सूंत्रे
अरबी – नारंज
फारसी – नारंज. नारंग
अंग्रेजी – ऑरेन्ज–(Orange)
1. Bitter Orange 2. Sweet Orange
लेटिन – साइट्रस आरेन्शियन (Citrus Aurantium)

रसायनिक संगठन—नारंगी के रस, छिलके, फूल और पत्ते सभी का कमोधिक औषधीय उपयोग है। इसके छिलकों में निरोली (Niroli) नामक उड़नशील तेल तथा एक अन्य नहीं उडने वाला तेल पाया जाता है। इसके अतिरिक्त ग्लूकोसाइडस भी उपलब्ध है। इसमें घुलनशील लवण 40 से 45 प्रतिशत, अम्लता 0.75 से 1.25 प्रतिशत तक होती है।

नारंगी के रस में साइट्रिक एसिड (Citric Acid), शर्करा और साइट्रिक ''ऑफपोटास'' (Citrus of Potas) होता है।

इसके फूलों में भी एक सुगंधित तेल प्राप्त होता है। इस तेल में विटामिन A, B,C पाए जाते हैं। विटामिन C तो इसमें प्रचुर मात्रा में होता है।

वानस्पतिक संगठन—

यह ऐसी वनस्पति है जो वृक्ष और झाड़ी के मध्य के आकार का 'मध्यम' वृक्ष है। यह बड़ी झाड़ी है तो छोटा वृक्ष भी है। इसे मध्यम वृक्ष कहा जाना समीचीन है। इस वृक्ष का आकार प्रकार नीम्बू के वृक्ष के समकक्ष है। वैसे ही पत्ते, उतनी उँचाई, वैसे ही फूल, बस फलों में अंतर होता है। नांरगी तो फल नींबू से 5–6 गुणा बड़ा होता है। एक फल का वजन 125 से 175 ग्राम तक होता है।

नारंगी के फल की लम्बाई 6.20 से. मीटर व चौड़ाई 6.00 से. मीटर के लगभग होती है। छिलके की गोटाई 0.32 से.मी. होती है। फल में रस की मात्रा 40 से 45 प्रतिशत होती है।

औषधीय दृष्टि से नारंगी के फल के छिलके, गुदा, रस, फूल–पत्तियां सभी के पृथक्–पृथक् गुण हैं।

वृक्ष—इसका झाड़ छः से आठ फुट ऊँचा होता है। शाखाओं पर छोटे–छोटे काँटे होते हैं। एक वृक्ष से एक फस्ल में 125 से 150 किलो फलों की प्राप्ति होती है। इसकी टहनियाँ अपेक्षाकृत कमजोर नरम होती है।

पुष्प—नारंगी के फूल भी नींबू के फूलों के लगभग बराबर व सुन्दर सफेद होते हैं। इनमें मनमोहक सुगन्ध आती है। पुष्प वर्ष में तीन बार आते हैं। जनवरी से मई व अगस्त। इसके फूलों से एक प्रकार का तेल निकाला जाता है।

फल—इसके फल अधिकतर ग्रीष्म ऋतु में आते हैं। व मध्य ग्रीष्म तक पक जाते हैं। पकने पर ललाई लिए हुए पीले रंग के होते है। इसका रंग अपना मौलिक रंग होता हैं जिसे नारंगी रंग कहते है। एक वृक्ष से अनुमानतः 125 किलो से 150 किलो तक फल प्राप्त किए जा सकते है। इनमें 40 से 45 प्रतिशत रस की मात्रा होती है। यों तो तीन–चार वर्ष की आयु के वृक्ष में ही फल लगने लगते हैं किन्तु छह वर्ष की उम्र के वृक्ष होने के बाद ही फल सम्पूर्ण पुष्टता व गुणवत्ता वाले होते

हैं; तभी से फसल लेनी शुरू की जाती है। फलों में विटामिन 'सी' प्रचुर मात्रा में उपलब्ध होता हैं। खट्टे फलों को कम पसंद किया जाता है। मीठे फलों की माँग अधिक रहती है। यो खट्टे–मिट्ठे फलों को नारंगी और मीठे फलों को संतरा कहा जाता है।

फल पर छिलका 6.00 से. मीटर से 6.20 से. मी. तक मोटा होता है। छिलक के भीतर गुदा फाकों के रूप में होता है। एक नारंगी में 10–12 फांके होती है। प्रत्येक फांक में 4 से 6 सफेद बीज होते हैं। ये बीज नींबू के बीज से कुछ बड़े होते हैं।

गुणधर्म–

नारंगी मधुर और अम्ल प्रधान है। यह रुचि और वात् नाशक है। नांरगी के गुणधर्म के लिए "सुवेणदेव द्वारा रचित एक सुन्दर ष्लोक निम्न है–

नारंगस्य फलं बलन्ज–
कुरूते सुस्वाद ह्रद्य लघु।
श्रेष्ट वहि्नकरं, विदाईशमनं
भुक्तान्नपाक प्रंदम्।
सर्वरोचक नाशन श्रमहरं
वातपहं पुष्टिदम्।

(सुषेण देव)

अर्थात् नारंगी पौष्टिक, सुस्वादु, ह्रद्य, और लघु है। अग्न्याशय की क्रिया बढ़ाने में श्रेष्ठ, आमाशय की जलन शान्त करने वाला पाचक अरुचि नाशक श्रमहर वायुनाशक है।

नारंगी व संतरा को यों तो एक ही माना जाता है तथापि ग्रन्थों में खट्टी नारंगी के गुणधर्म और मीठी नारंगी के गुणधर्म पृथक्–पृथक् बताए गए हैं।

अपरन्वम्लमन्युष्ण
दुर्मर वाल ह्रत्सरम्।

अर्थात खट्टी नारंगी अम्लरस प्रधान और अन्यन्त उष्ण होती है। यह दुष्पाच्य, वायु नाशक और दस्ता है।

नारंगोमधुराम्त्म स्याद्रीचमो वात् नाशन।

अर्थात् मीठी नारंगी मधुर और अम्लरस प्रधान है। यह रुचि उत्पादक और वातनाशक है।

राजनिघण्टुकार ने खट्टी और मीठी नारंगी के गुणधर्मो का उल्लेख इन शब्दों में किया है।

नारंगमुष्णम्लान्य, गुरू वातहरंसरम।
कफ पिताप्रकृत यस्नु स्वाद्वम्ल विशदंगुरू।

अर्थात् खट्टी नारंगी अम्ल रस प्रधान गुरू और उष्ण है। यह वात्नाशक पित्त, रक्त पित्त वर्धक है।

नारंगमधुरंचाम्ल, गुरूष्णं चैव रोचलम।
वातम, कृमि शूलघ्नं, श्रमह्वदल रूच्यकम्।।

अर्थात मीठी नारंगी मधुराम्ल, रात प्रधान, गुरू उष्ण रुचिवर्धक, आमवात, कृमि शूलरोग नाशक, श्रमहारी एवं पौष्टिक हैं।

अम्लं सुमधुरं ह्वद्य
विशद भक्तरोचनम्
वातघ्नं दुर्मर प्रोक्तं
नागरंग फल गुरूं (सुश्रुत)

अर्थात् मीठी नारंगी मधुर अम्लरसी ह्वदय, भोजन में रुचित्पादक, गुरू वातशामक, एवं दुष्पाच्य है।

यूनानी पद्यार्त में–खट्टी नारंगी दूसरे दर्जे की ठण्डी और तर औषध है। किन्तु मीठी नारंगी पहले दर्जे की ठण्डी और तर होती है।

गर्म तासीर वालों के लिए खट्टी नारंगी अधिक लाभप्रद है। खट्टी नारंगी का छिलका उष्ण तथा रूक्ष्ण (नरम और करण रूखा होता है)

जलवायु–

नारंग्यादि वर्ग के प्रायः समस्त वृक्षो उष्ण जलवायु की फसले हैं किन्तु नारंगी या संतरा समशीतोष्ण जलवायु वाले क्षेत्रों में खूब पनपता है। इसे पाला (तुषार) और ग्रीष्म की तीखी धूप दोनों ही असहाय है। तेज हवा, अंधड़, लूं भी इसके लिए हानिकारक है। इन सबसे बचेने के लिए खेत या बगीचे के चारों ओर ऊँचे उठने वाले वृक्षों की बाड़ लगा देनी चाहिए। किसी भी फसल की कृषि से पूर्व उसके अनुकूल परिस्थियों का निर्माण करना श्रेयस्कर होता हैं। इसके बगीचे के चारों ओर दोहरी बाड़ लगा देनी चाहिए। एक तो काँटेदार पौधों की बाड़ जो पशुओं आदि से फसल की क्षति से रोकती है। उसके भीतर बड़े और औषधीय उपयोग के छायादार पेड़ जो तेज हवाओं को रोक सके जैसे नीम, बहेडा, आंवला, आम, कनेर, रतनजोत आदि।

तेज शीत हवाओं अथवा उष्ण हवाओं से–

- पौधो के फूल झड़ जाते हैं।

● फलों से लदी शाखाएँ टूट जाती है।
● कभी–कभी हवा के साथ रोगाणु आ जाते हैं।

ये बाड़ के 'क्षुद' और पेड़ भी आय के साधन बने तो है। कृषि कृषकों के लिए लाभ देगी।

नांरगी या संतरा, "समुद्री" सतह से 1000 से 4000 फुट तक की ऊँचाई वाले स्थानों पर भी अच्छी तरह पनप सकता है। नागपुरी संतरे प्रसिद्ध है–वे 2000 फुट से अधिक ऊँचाई पर सफल नहीं होते।

यह मध्यम श्रेणी का वृक्ष है। इसे दो वर्ष की उम्र तक निरन्तर सिंचाई (पानी) की आवश्यकता रहती है। पानी इतना भी नहीं चाहिए कि भराव हो जाय। केवल इतना कि भूमि में नमी बनी रहें।

नारंगी के वृक्षों पर किसी पेड़ की या दीगर भवन की छाया आदि भी हानिकारक होती है। बाड़ में तेज हवाओं से बचने के लिए वृक्ष लगाए अवश्य जाय किन्तु 10–15 फुट दूर लगाए जाने चाहिए।

भूमि–

फसल का घाटा, नफा, किस्म की सफलता–असफलता उसके द्वारा चयनित भूमि के प्रति सावधानी–असावधानी पर निर्भर करता है। भूमि का चयन फसल के गुणधर्म के हिसाब से करना होता है। नारंगी के लिए दुमट व मध्यम श्रेणी की भूमि, जिसमें पानी का ठहराव बिल्कुल नहीं हो, उत्तम रहती है।

इसकी फसल के लिए केल्शियम कॉरबोनेट (Calcium-Carbonate) की मात्रा अधिक होनी चाहिए। भारी, काली, अधिक गहराई तक एक सी गठन वाली (Texture) होनी चाहिए। काली, भारी अधिक गहराई वाली कपासी, चिकनी व पानी कम सोंखने वाली भूमि इसके लिए सर्वथा अनुपयुक्त होती है। ऐसी भूमि जो पानी को गहराई तक सोंख लेवे या ऐसी ढ़ालू जमीन जहाँ से अतिरिक्त पानी दूर निकल जाय, वहाँ इसकी उपज अच्छी होती है।

अधोभूमि–

ऊपरी परत (पृष्ठभूमि) या सतही परत, खेत की एक या डेढ़ फुट की परत को कहते हैं। इससे नीचे की भूमि को अधोभूमि कह सकते हैं। ऊपरी परत फसल के अनुकूल होने से ही काम नहीं चलता पत्युत अधोभूमि भी अनुकूल होनी चाहिए। नारंगी, नींबू आदि वृक्षों की जड़े अधिक गहराई से पानी व खुराक ढूँढ़ लेती है। इसकी जाँच करने के लिए खेत के किसी कोने में 6 या 7 फुट का गड्ढ़ा खोदकर देख लेना सही होता है। अधोभूमि की मिट्टी भी भराव वाली हुई तो है–

1. जड़ें सड़ जाती है

2. जड़ों को पर्याप्त मात्रा में ऑक्सीजन नहीं मिल पाने से वे क्षीण होकर सूख जायेंगे।

खाद–

प्रायः नारंगी के झाड़ के लिए प्रति एकड़ निम्न तत्वों का पोषण चाहिए।

नाइट्रोजन	– 55 पाउण्ड
पोटेशियम	– 55 पाउण्ड
केल्शियम कोर्बोनेट	– 2.2 पाउण्ड
जिंक	– 05 पाउण्ड
बेरोम	– 05 पाउण्ड आदि

'नाइट्रोजन' की खुराक, झाड़ की बढ़त और निर्माण में तथा तना, शाखाएं एवं पत्तों के विकास में सहायक है।

''पोटोशियम'' से पोधों की कार्यक्षमता, परिवर्धित होती हैं तथा रोगरोधक शक्ति, रंग, स्वाद व आकार का निर्धारण होता है।

'फास्फोरस' फसल की जड़ों को पुष्ट व पोषक तत्वों के संशोषण की शक्ति देता है।

केल्शियम कार्बोनेट, जमीन की आम्लता को संशोधित करता है।

यदि पत्ते पीले पड़ने लगे, फल, छोटे रहने लगे तो नाइट्रोजन की कमी लक्षित होती है। पत्तियों में पर्णहरित की कमी दिखे या फलों के रूप–रंग में या आकार में फीकापन लगे तो यह माना जाना चाहिए कि 'पोटाश' की कमी है।

नारंगी या संतरे की भूमि में खाद पूर्ति दो तरीके से की जा सकती है।

1.प्राकृतिक 2.कृत्रिम।

यथासम्भव कृत्रिम खादों से बचना चाहिए। वर्तमान में कृषि उत्पादन बढ़ाने के लिए रसायनिक उर्वरकों का अत्यधिक प्रयोग हो रहा हैं जिसकी वजह से खेती की लागत में वृद्धि के साथ–साथ मृदा में जीवाणुओं की संख्या, पोषक तत्वों का असंतुलन एवं पर्यावरण प्रदूषण जैसी अनेकों समस्याएँ उत्पन्न हो गई है, इससे भूमि की उर्वरा एवं फसलों की उत्पादक क्षमता निरन्तर कम होती जाती है। मृदा में जीवांश पदार्थो का स्तर बढ़ाए जाने के लिए प्राकृतिक खादों का उपयोग किया जाना चाहिए। प्राकृतिक खाद, जैविक तत्वों तथा जीवांश समृद्ध, हानिकारक रसायनों से मुक्त, उच्च मल प्रतिधारण क्षमता वाली खाद होती है।

प्राकृतिक खाद पूर्णतः सुरक्षित होती है। प्रदूषण मुक्त हैं। इसका प्रयोग करने से प्रयोगकर्ता को भी कोई हानि नहीं होती।

इसमें सभी आवश्यक खनिज व पोषक तत्व जैसे–नाइट्रोजन, फास्फोरस, पोटिशियम, केल्शियम, मैग्नीशियम, सल्फर, लोहा, जिंक, बोरान आदि एक साथ उपलब्ध है।

प्राकृतिक खाद की मात्रा कम–ज्यादा भी हो जाय तो फसल को हानि की सम्भावना नहीं रहती

इसके उपयोग से फलों का रंग–स्वाद और सरुचि स्वाभाविक बने रहते हैं।

प्राकृतिक खाद भूमि की आत्मा होती है। ऐसी खादों में गोबर की खाद, गोमूत्र की खाद, घोड़े की लीद, हरी खाद, हड्ड़ियों की खाद आदि की गणना की जाती है।

गोबर की खाद सर्वत्र सहज उपलब्ध है। घाघ ने भी गोबर की खाद का महत्व इस कहावत के माध्यम से बताया है।

जेकर खेत पर नहि गोबर।
बहि किसान का जीवन दूभर।

गोबर की खाद देना हो तो ध्यान रखे कि वह पूर्णतया सड़ी होनी चाहिए। कच्ची खाद में सूण्डी व दीमक के लगने की सम्भावना रहती है।

गोबर की खाद न अधिक देनी चाहिए। न प्रतिवर्ष देनी होती है। एक वर्ष गोबर की खाद देवें तो दूसरे वर्ष दूसरी।

नीम

भारत में नीम का वृक्ष इतना लोकप्रिय व चिर–परिचित है कि शायद ही कोई व्यक्ति ऐसा होगा जो इससे परिचित नहीं है। यह मूल रूप से भारतीय वनों की उपज है। यह पतझड़ीय तथापि सदाबहार वृक्ष है। मानसूनी क्षेत्रों में इसका विकास शीघ्र होता है। इस वृक्ष के छोटे–बड़े घरेलू औषधीय उपयोगों से प्राचीन समय से ही आदिवासी जातियां चिर–परिचित रही हैं। लोक गीतों में नीम के गीत हर प्रान्त में गाए जाते हैं, जैसे–

1. खड़ी नीम के नीचे मैं तो एकली। जातोड़े बटाऊँ (यमदूत) मन्नै छाने–छाने देख ली
2. दाखा रो बाग लगादो रसिया, नीम की निवोली मन्नै खारी लागै। आदि
3. एक निम्बाड़ी लोकगीत है–जैवी नीमड़ा नी छाया। जेनी माता–पिता नी माया।

यह वृक्ष मानव के स्वास्थ्य का संरक्षक इसलिए भी है कि यह प्रति सैकण्ड में लगभग 14 यू. एम.ओ.एल. प्रतिवर्ग मीटर की दर से कार्बन का स्थरीकरण करता है। यह प्रमाणित वैज्ञानिक तथ्य है। नीम भारत का अपना घरेलू वृक्ष है।

गांव का नीम वृक्ष अपने आप में एक सम्पूर्ण औषधालय है। पहले जब चेचक महामारी फैलती थी तब लोग रोगी को कंड़े की राख पर सुलाकर नीम की पत्तीदार टहनियों से हवा झलते थे, पहले गांवो की पंचयातें प्रायः पीपल व नीम के पेड़ के नीचे ही बैठती थी। वैद्यों ने नीम को काटना बछड़े के वध के समान जघन्य पाप माना। इस्लाम के इतिहास से ज्ञात होता है कि हजरत मोहम्मद सल्लाल्लाहो अलैहि व सल्लम की हदीस है कि फलदार वृक्षों को न काटा जाय, न जलाया जाय। हजरते जाविर से रिवायत है कि रसुलुल्लाह ने बंजर जमीन को आबाद करने की ताकीद फरमाई थी।

यह वृक्ष, अनुकूल जलवायु पाकर बहुत ऊँचा एवं सघन हो जाता है। इसका तना 3 से लगातार 5 फुट व्यास की मोटाई तक पाया जाता है। मध्य प्रदेष में इन्दौर के पास एक नीम 30 फुट ऊँचा है।

नाम वैविध्य–

संस्कृत	– निम्ब, पिचुमर्द, पारिभद्र, हिंगू, निर्यात, अरिष्ट आदि।
हिन्दी	– नीम
राजस्थानी	– नीम, नीम्बडों, लिम्बडों
बंगला	– निम
गुजराती	– लिम्बडो,
मराठी	– कडुनिम्ब
अरबी, फारसी	– तेलब नीमदरख्ते हक आजाद दरख्त
लेटिन	– एजाडिरेक्टा इण्डिका
अंग्रेजी	– मारगोसा टी

सामान्यता नीम का वर्ग "कण्डूघ्न–महाकषाय" वर्ग में माना है। सुश्रुत ने इसे आरोग्यइति गुडच्यादि वर्ग में मान्यता दी है। प्रियव्रत शर्मा ने "प्रिय–निघण्टू" में इसे द्रव्यगुण विज्ञान में गिना है।

पिचुकुण्ठं मृदनाति इति पिचुमन्द।

अर्थात यह कुष्ठ रोगों को नष्ट करता है, इसलिए यह पिचुमन्द है।

उत्पत्ति स्थान–यह वस्तुतः भारतीय मूल का वनौषधीय वृक्ष माना जाता है। यह अमेरीका से या समुद्र से नहीं आया। जबकि बकायन गिरीनिम्ब भारतीय मूल का वृक्ष न होकर फारस क्षेत्र का माना जाता है। यह फारस की खाड़ी के आस–पास खूब पनपता है। नीम का यह पौधा जम्मू, पंजाब, हरियाणा, राजस्थान, उत्तर प्रदेश, बिहार, महाराष्ट्र, गुजरात, कर्नाटक तथा तमिलनाडू आदि में बहुतायत से उपलब्ध है। यों कहे तो अतिशयोक्ति नहीं होगी कि यह भारत में सर्वत्र पाया

जाता है। कुछ विचारकों ने तो इसे राष्ट्रीयवृक्ष तक मान लिया है।

रसायनिक संगठन–आधुनिक पाश्चात्य वैज्ञानिकों ने इसकी छाल में मार्गोसीन नामक तिक्तरस प्रधान, खाररहित–सत्व का पता लगाया है। इसके अतिरिक्त इसमें तिक्त रालमय सत्व निम्बडीन–निम्बोस्टरोल आदि जो एक उड़नशील पदार्थ है पाया जाता है। इसमें टेनिन भी प्रचुर मात्रा में उपलब्ध है। इनसे साथ–साथ ही केरियोफाइलिन, डाइपेन्टीन, लोरिक अम्ल, करीनीम, करीन्जीन आदि भी पाए जाते हैं।

नीम के वृक्ष से समय–समय पर एक विशेष प्रकार का मद रिसता है। यह अंतरछाल का सत्व है। इसे नीम का गोंद भी कहते हैं। यह पुराने पेड़ों से अधिक पाया जाता है। इस मद (गोंद) में कुछ शर्करा, गोंदीय द्रव्य एवं आयरन, पोटाशियम, अल्यूमिनियम, चूना तथा कार्बन तत्व होते हैं। यह बहुत महंगा है तथा 300 से 400 रु. किलो तक बिकता है।

इसके पत्तों में तेल की मात्रा कम होती है। किन्तु बीजों में 45 प्रतिशत तेल स्थिर तेल होता है। बीजों के तेल में ओलिक एसिड व लिनोलिक एसिड, गंधक, ग्लायकोसाइडस व वसाम्ल आदि होते हैं।

वानस्पतिक संरचना–नीम, भारतवासियों के लिए घरेलू, अपना, स्वदेशी तथा पूज्य वृक्ष है। अनुकूल परिस्थितियों में यह 30–35 फुट ऊँचाई तक भी बढ़ जाता है। इसके तने से शाखाएं, शाखाओं से प्रशाखाएं निकलकर चारों ओर फैलती जाती है। छाल मोटी व खुरदरी फटी हुई सी होती है। बाहर से छाल भूरी व भीतर से ललाई लिए हुए होती है। छाल से रेशे प्राप्त कर रस्से बनाए जाते हैं। अन्तरछाल से एक तरल रस प्राप्त होता है। जिसे 'नीरा' कहते हैं। पुराने वृक्षों से मद भी प्राप्त होता है। इस वृक्ष की छाया विशेष रूप से शीतल एवं आरोग्यप्रद मानी गई है।

पत्र (पल्लव)–इसके पत्ते भालाकार या लट्वाकार होते हैं। पत्तों की लम्बाई तीन इंच तक पाई जाती है। चौड़ाई बीच से 1 या 1.5 इंच पाई जाती है। एक किनारे पर दांत होते हैं। दूसरा किनारा प्रायः सपाट होता है। आगे से तीखे नुक्के व थोड़ा दराती की तरह मुड़े हुए होते हैं। ये पत्ते एक सीकपत्रदण्ड पर लगते हैं। यह सीक 10 इंच से 12 इंच तक लम्बी होती है। इसके दोनों तरफ से 9 से 15 तक की संख्या में पत्तियां लगते हैं। सींक भी दराती की भांति कुछ मुड़ी हुई होती है। सीक के सिरे पर एक अकेला पत्ता लगता है। पत्तों का रंग निकलते समय कोपल रूप में लाभ–हरित होता है। फिर हरा (गहरा हरा) होता है। पकने पर पीला रंग धारण कर लेता है। ये पत्ते कटुरस प्रधान होते है। नैत्रों के लिए हितकारी

होते हुए भी वायुकारक है। पित्तदोषों को दूर करने वाले एवं कृमिनाशक हैं। मीठे नीम की तरह इनमें सुगन्ध नहीं होती है। पत्तों को रस, कुष्ठ एवं विषज उपद्रवों में अदभुत उपयोगी है। पत्तों में एक उड़नशील तेल होता है। पतझड़ में अधिकांश पत्ते झड़ जाते हैं। बसन्त में पुनः लाल रंग की कोपलें फूट आती हैं। यह वृक्ष पतझड़ी वृक्षों की तरह या बकायन की तरह एकदम नंगा नहीं होता। यों वर्षभर पत्तें झड़ते व आते रहते हैं। अतः इसे सदाबहार प्रकृति का वृक्ष मानते हैं।

"कोमल पल्लवं चास्य
ग्रहको वात कारकः
श्रक्तपिंत नेत्र रोगं
कुष्टश्चेव विष्नाश्येत
जीर्णपत्र विशेषण–
वृण नाशकरं मतम्।

अर्थात् कोपलें आंखों के लिए उत्तम होते हुए भी वायुकारक है। पत्तों का रस कुष्ठ व विषज उपद्रवों का नाश करते हैं।

नीम के पत्तों का शाक बनाकर भी खाते हैं।–

"सर्वेषु शाकेषु वसन्ति रोगाः"।

महाराष्ट्र में पत्तों की चटनी भी बनाई जाती है। क्षय रोगियों के लिए नीम पत्रों की शाक बहुत लाभदायक बताई गई हैं।

पुष्प–नीम के पुष्प बसन्त के मध्य में आ जाते हैं। इन पुष्पों की सुगन्ध मीठी व मादक होती है। पुष्प मंजरी में लगते हैं। पुष्प छोटे, सफेद तथा मनमोहक होते हैं। पुष्प मंजरी भी सीक के बराबर लम्बी होती है। अर्थात् पुष्प मंजरी की लम्बाई 6 या 7 इंच होती है। इसमें पुष्प विषमपार्श्व लगते हैं। इनकी सौरभ रात को दूर–दूर तक फैलकर वातावरण को सौरभमय बना देती है।

निम्बवृक्षस्य पुष्पाणि, पित्तध्नानि वेशेषतः
तिकतानिच कृमिध्नाति तथा कफ हराणि च।

(धन्वन्तरी निघण्टु)

अर्थात् नीम–वृक्ष के पुष्प विशेषकर पित्तनाशक तिक्त–रस प्रधान तथा कृमिरोग नाशक एवं कफ दोष को नष्ट करने वाले होते हैं।)

बीज (निबौरी)–नीम के बीज, निबौरी के नाम से जाने जाते हैं। ये तिक्त (चरपर) रस प्रधान तथा पाक में कटुरस प्रधान होते हैं। मूलभेदन, गुल्स, अर्श तथा प्रमेह नाशक होते हैं। आकार में बकायन (गिरीनिम्ब) से थोड़े छोटे लम्बगोल होते है। फल (निबौरी) कच्ची होती है तब गहरे हरे रंग की होती है। पकने पर हल्के

पीले रंग की होती है तथा गुदा मीठा हो जाता है। बीज का आवरण हटाने के बाद मज्जा (अन्तर गुठली) निकलती है जिससे तेल प्राप्त किया जाता है। इस मज्जा में गंधक के अतिरिक्त क्षाराभ, राल, ग्लाइकोसाइडस तथा वसाअम्ल होते हैं। ये फूल ग्रीष्म के अंत में आते हैं। वर्षा के प्रारम्भ में मंजरियां, निबौरियां से लदकर झुक जाती हैं।

भारत में इतने बीज होते हैं कि यदि सभी बीजों का सही उपयोग किया जा सके तो सम्पूर्ण विश्व की औषधीय आवश्यकताओं की पूर्ति सम्भव है। किन्तु जानकारी की कमी के कारण 75 से 80 प्रतिशत बीज व पत्ते यों ही सड़ जाते हैं, नष्ट हो जाते हैं। इस ओर लोगों का ध्यान आकर्षित करने की आवश्यकता है।

निम्ब बीजस्य मज्जातु
कुष्ठानी कृमि नाशिनी
निम्ब तेलस्य कृष्ठघ्नं
कृमिहरं परम।।

—धनवन्तरी निघण्टु

निम्ब बीजस्य मज्जातु,
कृमि कुष्ठ विशोधन।।

—कैयदेव निघण्टु

मूल (जड़ें)—नीम की जड़ झकड़ा जड़ होती है। यह गहराई तक चारों ओर फैलकर मिट्टी के कटाव को रोकती है तथा भूगर्भ जल को खींचती है। उसके स्तर को बनाए रखती है। जड़ में टेनिन, कैल्शियम, पोटेशियम तथा लोहे के लवण पाये जाते हैं। इसका चूर्ण औषधीय उपयोग में लिया जाता है।

क्वाथश्च निम्ब मूलस्य दन्तरोग निवारण :—हरित संहिता

रस—पुराने वृक्षों में स्वद्रव रस स्रावित होता है। इसे 'नीमताड़ी' कहते हैं। यह उच्च श्रेणी का रक्तशोधक है। यह मद उपदंश एवं कुष्ट को जड़ से नष्ट करता है। नीम से गोंद भी प्राप्त किया जा सकता है। नीम का गोंद रक्त की गति को बढ़ाने वाला कोलेस्ट्राल को कम करने वाला तथा शान्तिदायक है।

रसो निम्बस्य मंजर्या पीतश्चेत्रै हितावहः
हन्ति रक्तविकाराश्च, वात पित कफ तथा

अर्थात् चैत्र माह में नीम पत्र या मंजरी का रस पीना हितकर है। इसमें निर्दोष एवं रक्तविकार नष्ट होकर व्यक्ति स्वस्थ व सबल बना रहता है।

छाल—नीम की छाल ऊपर से मोटी, खुरदरी, फटी—फटी सी होती है तथा

भीतर से रक्ताभ होती है। इसे अच्छी तरह से धोकर ऊपर की धूल, मिट्टी आदि ठीक से साफ करके खुली छाया में सुखाकर रखते हैं।

नीम के गुण	–	लघु
नीम का रस	–	तिक्त
विपाक	–	कटु
वीर्य	–	शीत
दर्पनाशक	–	गोदुग्ध, कालीमिर्च, मधु (शहद), गोधृत

मुख्य योग–निम्बादिक्वाथ, निम्बादिचूर्ण, निम्ब–वारुणि, पंचनीम्ब, चूर्ण, निम्ब–तेल, अशोध्री वटी, महासुदर्शन, रक्तशोधक वटी, महामजिष्ठा धारष्ठ ज्वर संहरक रस

पर्यावरण–प्रदूषण और नीम :–पर्यावरण स्वयं मानव के अस्तित्व के लिए खतरे की घण्टी बन गया है। यों मानव प्रकृति की ही तो संतान है–किसी सृष्टिकर्ता की कृति नहीं। वर्तमान विश्व–परिदृश्य में समस्त पारिस्थितिक–तंत्र को युद्ध स्तर पर संरक्षण प्रदान करना 'मानव' का प्रथम कर्त्तव्य होना चाहिए। एतदर्थ वनसंर्धन में गति लानी ही होगी। वनसंवर्धन के लिए ऐसे वृक्षों का चयन करना होगा जो बिना मूल्य ही उपलब्ध हो जाए, जैसे–नीम, जामुन, बबूल आदि। इनमें से भी विशेष वनौषधीय एवं व्यावसायिकता की दृष्टि से उपयोगी वृक्षों का चयन करना होगा। आज वनों का जिस निर्ममता से निरन्तर विनाश हुआ है और होता जा रहा है, उससे वायु प्रदूषण बुरी तरह से प्रभावित हुआ है, यहां तक कि 'ओजोन मण्डल' के क्षतिग्रस्त होने के संकेत भी मिलने लगे हैं। ऐसे में नीम हमारा उद्धारक वृक्ष सिद्ध हो सकता है। इसीलिए कहा गया है–''नीम, नैसर्गिक सुषमा के आग धरती पर यह शुभ स्वर्ग साकार''।

आज वनों का लगभग 14 करोड़ हैक्टेयर हिस्सा प्रतिवर्ष उजड़ रहा है। इससे विश्व में पाई जाने वाली ढाई लाख के लगभग वानस्पतिक प्रजातियों में से पांच हजार से भी अधिक प्रजातियां नष्ट हो चुकी है। साथ ही पन्द्रह हजार प्रजातियों के लुप्त होने की सम्भावनाएं बन गई हैं। अतः ऐसे वृक्षों के उत्पादन एवं रोपण पर ही ध्यान दिया जाना पड़ेगा जो सहज प्राप्त हो जाए, सहज उग आए, तेजी से वृद्धि पा सके तथा जिनका व्यावसायिक उपयोग भी हो सके। साथ ही भूगर्भ–जल को हानि भी नहीं पहुंचा सके। ऐसे प्रदूषण–शामक एवं औषधीय गुणों से भरपूर वृक्षों में श्रेष्ठ है –नीम! नीम, जनमानस की श्रद्धा का पात्र भी है। आध्यात्मिक आस्था से जुड़े होने के कारण ऐसे वृक्षों पर कुल्हाड़ी चलाने से पूर्व व्यक्ति को कुछ सोचना पड़ता हैं।

वनस्पतियां, मानव–जीवन की सम्पूर्ण आवश्यकताओं की पूर्ति करती हैं। हमारा भोजन, वस्त्र, निवास, पशुपालन, सुरक्षा, व्यवसाय आदि सब कुछ तो इन वनस्पतियों पर ही आधारित है। ये वनस्पतियां मानव के लिए ''कार्बन–डाई–आक्साइड'' जैसी विषेली गैसों को नीलकण्ठ की तरह पीकर, जीवनदायिनी ''ऑक्सीजन'' प्रदान करती है। इसके विपरीत मनुष्य आदि समस्त जीवधारी कार्बन–डाई ऑक्साइड छोड़ते हैं। इस प्रकार वायु प्रदूषण रोकने में वृक्षों की उपयोगिता असंदिग्ध है, विशेष रूप में नीम। मानव जिस प्रकार पौधों में तुलसी को ''माता'' की तरह पूजता आया है, उसी प्रकार वृक्षों में पीपल, बड़, आंवला की ही तरह नीम को भी ''नारायण'' मानकर पूजता रहा है। वृक्ष, रेगिस्तानों को बढ़ने से रोकते है, इनमें नीम की भूमिका विशेष है। यह भूमि में गहरी जड़ें जमाता है, आंधियों को रोकता हैं, वर्षा को आकर्षित करता है। भूमि के कटाव रोकने में भी नीम की विशेष भूमिका है।

'चरक' और 'सुश्रुत–काल' के बाद भारतीय आचार्यों के वानस्पतिक, परिज्ञान की धाक समस्त विश्व पर जम गई थी। भारतीय चिकित्सा शास्त्रों का प्रभाव रोम, ग्रीक और मिश्र आदि देशों के चिकित्साशास्त्रों पर भी पर्याप्त पड़ा। उन्होंने हमारे शास्त्रों को तोड़–मरोड़कर उपयोग भी बहुत किया। महान सिकन्दर के सैनिक शिविरों में भारतीय चिकित्सक विशेष रूप से रखे जाते थे। घावों के उपचार हेतु नीम–वृक्ष की लुग्दी को हर समय तैयार रखते थे।

चैत्र सुदी एकम् के दिन, अधिकांश भारतीय लोगों में नीम की कोमल कोपलों को मिश्री अथवा गुड़ के साथ सेवन करने की प्रथा है। पूरे चैत्र मास में भिन्न–भिन्न प्रकार से स्वास्थ्य संवर्धन हेतु नई कोपलों व फूलों का उपयोग किया जाता है।

एक कहावत है –चैत्र मास में नीम जो खाए, घर वैद्य कदै न आए।

अथवा ''काया निरोगी रखे नित नीम।
जा घर नीम क्यों आये हकीम।।''

महर्षि वेदव्यास ने महाभारत की रचना, नीम–वृक्ष की छाया में बैठकर ही की। इसकी निरोगी और शीतल छाया में उनकी ''तीव्र प्रज्ञा'' उर्जस्वित, संतुलित और स्थिर हुई। उन्होंने इस नीम के वृक्ष में नारायण का प्रतिरूप पाया नारायण से तात्पर्य है–वह ऊर्जा, वह शक्ति, जो नर को दीर्घ जीवन, ऊर्जा, प्रज्ञा, स्वास्थ्य एवं संरक्षण देता है। अतः ग्रन्थ लेखन से पूर्व उन्होंने नारायण की स्तुति की–

'' नारायणं नमस्कृत्य नर चैव नरोतमम ''

निम्ब नाम–निबी धातु से बना है। इसका अर्थ होता है–जिससे अरोग्य की

प्राप्ति हो। आरोग्य कैसा? शारीरिक और मानसिक दोनों।

व्यावसायिक महत्व

मानव की श्रद्धा से जुड़ा यह नीम–वृक्ष प्रदूषण–शामक, मानव रोग निवारक ही नहीं, व्यावसायिक क्षेत्र में भी अपना उल्लेखनीय महत्व रखता है तभी तो अमेरिका की नियत इसे पेटेन्ट करने की हुई। नीम का महत्व निम्नलिखित है–

1. नीम का प्रत्येक भाग उपयोगी है, इसकी काष्ठ से भवन, फर्नीचर, बैलगाड़ियां, कृषि उपकरण आदि बनाए जाते हैं। इसकी लकड़ी में दीमक नहीं लगता, इसकी लकड़ी मजबूत तो होती ही है इससे बने फर्नीचर आदि में सफाई भी अच्छी आती है।

2. इसके पत्ते, ऊँट व बकरियों के लिए प्रिय व निरोगी आहार है। इसके पत्ते एन्टीसेप्टिक हैं।

3. वर्ष में तीन–चार बार पत्तों की कटाई–छटाई भी होती है। ये पत्ते पशु–आहार, औषधीय उपयोग एवं खाद के काम में आते हैं। जनवरी, 2007 के अनुसार, इसके सूखे पत्तों का मूल्य 10/–प्रति किलो है। एक युवा वृक्ष से 25 से 30 किलो पत्ते प्रतिवर्ष प्राप्त हो जाते हैं। जो 10/–प्रति किलो से बिक सकते हैं। गोंद का भाव 200/–प्रति किलो है। निबौरी का भाव 15/–प्रति किलो है एक वर्ष में सही उपयोग किया जाए तो एक वृक्ष 5 से 6 हजार की आय दे देता है। निबौरियों का तेल 150/–रुपये किलो है।

4. इसके पत्तों में एक ऐसी गंध व ऐसा द्रव्य प्राप्त होता है जो धान, तिलहनों, दलहनों को घुन, फफूँद, फुंदी आदि कीटों से बचाता है।

5. नीम की छाया, शीतल, सुरभित एवं आरोग्यवर्धक है। छाया पशुओं की प्रिय शरणस्थली है। गाय, भैंस, ऊँट, बकरियाँ इसकी छाया में बैठना पसंद करते हैं। इससे गोबर भी पर्याप्त मात्रा में प्राप्त होता है। यही नहीं, पक्षियों के लिए भी यह सर्वोत्तम निवास स्थल है। इनकी बीटों का भी खाद प्राप्त हो जाता है।

6. नीम वृक्ष, भूमि की उपजाऊपन को हानि नहीं पहुंचाते हैं।

7. ये भूमि के कटाव को रोकते हैं।

8. घरों व खेतों के आस–पास नीम वृक्ष होने के कारण हवा में रोग के किटाणु नहीं रहते। यह वृक्ष रात को भी "कार्बन–डाई–ऑक्साईड" नहीं छोड़ता है। प्रत्युत प्राणवायु–"ऑक्सीजन" ही छोड़ता है।

9. इसकी छाल के रेशों से रस्सियां बनाई जा सकती है।

10. इसकी पतली टहनियां उत्तम दातौन का काम देती है। कहावत भी है–"पायरिया दूर करने के लिए नीम का दातौन, मसूड़ों की मजबूती के लिए बबूल

की दातौन, स्मरण शक्ति की वृद्धि हेतु अपामार्ग का दातौन तथा कण्ठ माधुर्य हेतु बेर वृक्ष की दातौन श्रेष्ठ है'' ।

11. इसकी जड़ें भूगर्भ जल को खींचकर उसकी सतह को बनाए रखती है।

12. यह वृक्ष मानव के मित्र कीटों और पक्षियों को प्रश्रय देता है। शत्रु कीटों के लिए विनाशकारी है।

13. श्रावण मास व कार्तिक मास में महिलाएं इसकी शाखाओं पर झूला बाँधकर झूलती है व गीत गाती हैं।

14. प्रसूती काल में घरों पर नीम के पत्तों की झालरियां (बांदरवारें) बांधी जाती हैं। रोगियों के बिस्तर पर नीम के पत्ते रखे जाते हैं। ऐसी मान्यता है कि इससे घर का वातावरण निरोगी व शुद्ध बना रहता है। घरों में बुरी आत्माएं प्रवेश नहीं कर पाती है।

15. मीठे नीम के पत्ते शाक–सब्जियों (दाल, करी) में डाले जाते हैं। यक्ष्मा के रोगी के लिए मीठे नीम की पत्तियों की सब्जी बहुत उपयोगी है। महाराष्ट्र व मालवा में चैत्र मास में नीम के पत्तों की पकौड़ियां बनाकर भी रुचिपूर्वक खाई जाती हैं।

16. फिनाइल की गोलियों के स्थान पर नीम के पत्तों की तह, ऊनी कपड़ों में रखने से कीड़े नहीं लगते, कपड़े सुरक्षित रहते हैं।

17. कतिपय औरतें नीम के पत्ते व निबौरियों को पीसकर बालों में लगाकर माथा धोती है, इससे जुएं, लीकें नष्ट होती है। बाल काले, घने व मुलायम रहते हैं।

18. निबौरियों का तेल निकालने के बाद बची हुई खली, पशुओं के लिए निरोगी आहार तथा उत्तम खाद के रूप में उपयोग में आती है।

19. नीम के पत्तों को पानी में उबालकर स्नान करने से चर्म रोगों में फायदा होता है।

नीम सामान्यतया तीन तरह के पाये जाते हैं।

1. मीठा नीम / सुरभि नीम।
2. गिरी निम्ब / बकायन
3. मुख्य नीम (कटुनिम्ब)

मीठा नीम :–इसे अंग्रेजी में *Murraya, Koengih, Sprin* कहते हैं। यह आकार–प्रकार में नीम से छोटा (ढिगना) वृक्ष होता है। तना भी अपेक्षाकृत पतला होता है। इसकी लकड़ी कटुनीम की लकड़ी की अपेक्षा कोमल मानी जाती है। पत्ते नीम के पत्तों से कुछ छोटे होते हैं। इसके पत्ते प्रायः दालों व करियों में डाले

जाते हैं। पत्तों में एक विशेष प्रकार की सुरभि होती है, इसलिए इसे सुरभि नीम या सुगन्धित नीम भी कहते हैं। कड़ी में डालने के कारण कड़ीपत्ता भी कहा जाता है। महाराष्ट्र में तथा अन्य कुछ प्रान्तों में इसके पत्ते का शाक बनाकर खाना स्वास्थ्यप्रद माना जाता है। यक्ष्मा (टी.बी.) के रोगियों के लिए मीठे नीम का शाक लाभदायक माना जाता है। पत्ते संयुक्त अण्डाकार दंतुर व तीव्र गंध वाले होते हैं। इसके फल निम्बौरी गोल व गुच्छ में तथा कटु नीम की निम्बौरियों से छोटे होते हैं। स्वाद में अति कटु होते हैं।

गुण–कीटाणुघ्न, दीपन, बल्य वातघ्न होते हैं।

उपयोग :–इसके पत्तों का कल्क, त्वचा रोगों व फोड़े–फुन्सियों पर व सर्पदंश पर लाभकारी होता है। मूल (जड़) की छाल के सेवन से वक्कशोध ठीक होता है। सांप, बिच्छू, ततैया आदि के काटने पर इसकी बाह्य छाल को पीसकर लगाने से विष का प्रभाव समाप्त होता है। उल्टियों की शिकायत में पत्तों को पीसकर पिलाते हैं।

गिरी निम्ब (बकायन)

संस्कृत –
महानिम्ब / गिरीनिम्ब / विषमुष्टि / केशमुष्ठिका / कार्मुका आदि
हिन्दी – बकायन
बंगला – बोडोनीम / घोड़ा नीम
मराठी, गुजराती – बकाणालिम्ब, गोरीलिम्ब
अरबी – वानहबुल तथा आनारदरख
पंजाबी – डेक
लैटिन – मेलिया अजडेरक
अंग्रेजी – परसियन, लिलेक

वानस्पतिक परिचय–प्राचीन ग्रन्थों में आयुर्वेदाचार्यों ने बकायन को गिरीनिम्ब कहा है क्योंकि यह ज्यादातर पहाड़ियों पर पाया जाता है। यह लगभग दो हजार फुट की ऊँचाई तक पाया जाता है। जबकि मुख्य नीम (कटुनिम्ब) ढाई हजार फुट तक पाया जाता है। यह भी शुद्ध रूप से वन की ही उपज है। तथापि बहुत कम मात्रा में पाया जाता है। अतः खेतों में या वाटिकाओं में प्रयत्नपूर्वक लगाए जाते हैं। यह नीम की अपेक्षा बहुत वृक्ष छोटा है। इसे लघु नीम, नीम का छोटा भाई कहा जा सकता है। इसकी काष्ठ (लकड़ियां) कोमल होती हैं। नीम की अपेक्षा इसके पत्ते कुछ बड़े और किनारों पर अधिक कटे हुए तथा दाँतेदार होते हैं। यह यौं तो सघन बना रहता है। किन्तु पतझड़ में पत्ते गिराकर नंगा हो जाता है। गांवों

के बड़े–बूढ़े लोग इसके फलों, पत्तों, छाल आदि का औषधीय उपयोग करते आए हैं। खासतौर पर बछड़ों के पेट में ''पटाटे'' पड़ जाने पर इसकी नाल देते हैं।

पुष्प–इसके पुष्प फाल्गुन से चैत्र तक आते हैं। ये गुच्छेदार और नीले रंग के होते हैं। जबकि नीम के पुष्प सफेद होते हैं। इसके पुष्पों से भी मीठी सुगन्ध दूर–दूर तक फैल जाती है। इसकी निबौरी नीम की निबौरी से कुछ बड़ी होती है। फल पककर बसंत में पीले हो जाते हैं। नीम की निम्बौरी की बनिस्पत इसकी निम्बौरी सुन्दर, गोल, सुडोल होती है।

तना–बकायन का तना प्रायः सीधा व गोल तथा ऊपर उठा रहता है। यह 2 से लेकर 3 फुट व्यास तक मोटा होता है। राजस्थान के बांसवाड़ा, डूंगरपुर क्षेत्र में बावलवाड़ा के जंगल में एक नीम का तना 4 फुट से ज्यादा व्यास का देखा गया था।

मूल उत्पत्ति स्थान–यह भारतीय मूल का वृक्ष नहीं है। यह सम्भवतः फारस की खाड़ी के आस–पास की मूल उपज है। इसलिए इसका अंग्रेजी नाम ''परशियन–लिलेक'' है। इसके बीज समुद्री लहरों के द्वारा भारत में पहुंचे। 1000 ई पू. जब आर्य पंजाब तक पहुंचे तो नीम था।

गुण धर्म–बकायन कटु एवं कसाय रस प्रधान है। यह कफ–पित्त शामक हैं। यह रक्तशोधक, कुष्टहारक है। नीम से कई गुणा अधिक कटु है।

महानिम्बो हिमोरुक्षः कटुग्राही कशायकः
कफ पित कृमिच्छर्दि, कुष्ट हल्लास।

रक्तजित (मदनलाल)

अर्थात् यह महानिम्ब, शीतल व रुक्ष है, कटु व कषाय है। यह कफ–पित एवं कृमिनाशक है। यह रक्त शोधक और कुष्ठ विनाशक है। भाव–निघण्टु में इसे कटुरस प्रधान नहीं माना है बल्कि तिक्त–रस प्रधान माना है।

प्रमेह श्वास गुल्मार्शो मूषिका विष नाशन।

–अर्थात् यह प्रमेह, श्वास, गुल्म, अर्श तथा मूषक–विष नाशक है।

इसकी छाल में टेनिक एसिड होता है। भीतरी छाल से भी एक उत्तम कीटनाशी सत्व पाया जाता है।

बकायन के कुछ औषधीय उपयोग

सियाटिका / गठिया–बकायन की जड़ को पीसकर मिश्री के साथ प्रातः–सायं दोनों समय एक माह तक सेवन करने से ग्रधनसि (सियाटिका रोग), आमवात, गठियाँ रोग नष्ट होते हैं।

वृहन्निम्बतरोंर्मूलं वारिपेषितम –
पीतं तन्नाशयेत् क्षिप्रमसाध्यमापि ग्रन्धसीम्।

(बंगसेन बातव्याधि)

गृन्ध्रसि–जटा को पानी में पीसकर नित्य सेवन से भी गृन्धसि रोग नष्ट होता है।

महानिम्ब जटाकल्को गृन्धासिनाशनः परः।

(शोडल संहिता)

यहां ''जटा'' का अर्थ लेखक को स्पष्ट नहीं हो पाया है।

मलेरिया–बकायन छाल 1 तोला, कासनी के बीज 10 नग, धमासा 1 तोला, लौंग 8 नग को कूटकर रातभर पानी में भींगो देवें। इस द्रव्य को प्रातः मसलकर छान लेवें। यह पानी मलेरिया के लिए उत्तम पेय है। 3–4 खुराक से ही लाभ हो जाता है।

उदर कृमि–बकायन की जड़ की छाल के घोल को 250 ग्राम पानी में उबालकर काढ़ा बना लेवें। दो–तीन दिन लगातार सेवन से उदरकृमि नष्ट हो जाते हैं। पशुओं की पटाटे आदि में यह काढ़ा देने की रीत प्रचलित है।

फोड़ा–फुन्सी–बकायन के पत्ते उबालकर नहाने से चर्मरोग मिट जाते हैं। ऐसे में साबुन का उपयोग नहीं करना चाहिए। निम्बौरियों की लुग्दी पशुओं के घावों पर लगाने से कीड़े नष्ट होकर घाव भर जाते हैं।

विभिन्न रोगों में नीम

प्रमेह/मधुमेह रोगों में नीम

महर्षि सुश्रुत ने सुरामेह के लिए नीम के कषाय को पीने का परामर्श दिया है। मधुमेह रोग के निर्वारणार्थ नीम एक प्रशान्त औषधि है।

''सुरमोहिनं निम्बकषायम''

अनुसंधान में औषध–वैज्ञानिकों को नीम के पत्तों में व उसके बीजों (निबौरियो) में ''निम्बडीन'' नामक तत्व प्राप्त हुआ है। यह तत्व रक्त, शर्करा को तेजी से नियन्त्रित करता है। यह 'एड्रीनेकलीन' के प्रभाव से उत्पन्न हाइवर–ग्लाइसीमिया को भी रोकता है।

मधुमेह में नीम :–नीम के सूखे पत्तों का चूर्ण और त्रिकूट चूर्ण दोनों सम भाग में लेकर पानी व दूध के साथ सेवन करने से मधुमेह दो माह में पूर्ण नियन्त्रित हो जाता है ऐसा माना जाता है। मधुमेह के रोगी के लिए नीम का तेल 30–30 बूंद की मात्रा से प्रातः एवं सायं दोनों समय पिलावें। इसकी मात्रा को इस क्रम

से देवें–

1. दो दिनों तक 30–30 बूँद की मात्रा सुबह–शाम देवें।

2. इसके बाद मात्रा बढ़ाकर 35–35 बूंद फिर दो दिनों तक देवें।

3. पांचवें और छठे दिन 40–40 बूंदें दोनों समय देवें।

4. चालीस बूंदों से अधिक मात्रा तो नहीं बढ़ावें किन्तु अब दो के स्थान पर तीन समय देना शुरू करें। लगभग 15 दिनों तक देते रहें। आवश्यकता समझें तो किसी वैद्य से परामर्श लेकर आगे निरन्तर करे या घटावें–बढ़ावें

तेल सीधे पीने में रोगी को कठिनाई अनुभव हो तो कैप्सूलों में भरकर पिलाया जा सकता है। यह नुस्खा वैद्य श्री राजेश्वर दत्त शास्त्री द्वारा अनुभूत है। तथापि अधिकृत वैद्य से सलाह लेकर ही उक्त प्रयोग करें। मधुमेह की विभिन्न स्थितियों के अनुसार मात्रा में भी अन्तर करना होता है।

नीम के पत्ते ताजा, गूलर व बिल्वपत्रों को पीसकर पानी से छानकर एक–एक कप दोनों समय वैद्यजी के बताए दिनों तक देते रहें।

नीम की सींके 20 ग्राम, कालीमिर्च 5 नग दोनों को पीसकर दूध के साथ दो माह तक अथवा रोग व रोगी की स्थिति के अनुसार देने से मधुमेह नष्ट होता है।

मधुरिम कैप्सूल–यह शिल्पा केम इन्दौर द्वारा निर्मित मधुमेह रोग निवारणार्थ उत्तम औषधि है जो बाजार में उपलब्ध है।

मदयारि चूर्ण–नीम के सूखे पत्तों का चूर्ण दो भाग, गुडमार चूर्ण 2 ग्राम, मामझक चूर्ण चार भाग, अरण्य जीरक दो भाग, सप्तरंगी चूर्ण चार भाग–इन सभी के चूर्ण को मिलाकर रख देवें। यह मदयारि चूर्ण तैयार हो गया। मधुमेह रोगी को दिन में दो बार इस चूर्ण की एक ग्राम की मात्रा निर्देशानुसार देते रहें।

कुष्ठ रोगों में नीम

तिक्त–स्कन्ध में नीमवृक्ष को कुष्ठन्ध कहा गया है अर्थात् खाज–खुजली रोधक कहा गया है। महर्षि चरक ने इसे आरग्वाधादि गुडच्यादि गुणों में गिना है। यह मधु मेह, कुष्ठ, दाह कफजन्य रोगनाशक है।

प्रिय निघण्टु में भी नीमवृक्ष को पंचतिक्तों में स्थान दिया है–

1. नीम , 2. गुडूची, 3. पटोल, 4. वासा और 5. कटकारि। ये पांचो मिलकर पंचतिक्त कहलाते है जो कुष्ठ रोग के शत्रु हैं।

"पिचुमंद मृदनाति इति पिचुमन्द"

अर्थात् यह कुष्ठ रोग को नष्ट कर देता है इसलिए इसको 'पिचुमन्द' कहते है।"

निम्ब बीजस्य मज्जातु कुष्ठहनी कृमिनाशिनी।
निम्ब तेलन्तु कुष्ठहनं, तिक्त कृमि हरं परम।।

(धनवन्तरी निघण्टु)

अर्थात् नीम के बीजों की मज्जा तथा नीम का तेल तिक्त होने के कारण कुष्ठ रोग नाशक तथा कृमि नाशक है।

निम्ब वृक्षस्य पंचांग रक्त दोपहर मतान।
पितं कण्डुव्रण दाह कुष्ठचैव विनाषयेत।।

(शालिग्राम निघण्टु)

अर्थात नीम वृक्ष के पांचों ही अंग (पत्र, फूल, बीज, जड़) रक्त दोष, पित्त दोष, खाज–खुजली, घाव एवं कुष्ठ रोगों को नष्ट करने वाली है।

निम्ब बीजस्य मज्जाच,
कृमि कुष्ठविशोधनः।

–कैयदेव निघण्टु–

अर्थात् नीम के बीजों की मज्जा, कृमि एवं कुष्ठ नाशक है।

दिव्य मधुनाशी वटी –यह दिव्य फार्मेसी, कनखल हरिद्वार द्वारा निर्मित है।

दिव्य मधुकल्प वटी–यह भी दिव्य फार्मेसी निर्मित वटी है। यह भोजन से एक घण्टा पूर्व 2–2 गोलियां ली जाती है।

निम्ब पत्ररसं चूर्णमक,
क्वाथ मंद धृतम।
निम्बस्य सेवन सर्व–
निम्ब मध्येतु कुष्ठनुत।।

अर्थात् निम्ब वृक्ष के क्वाथ से नहाना, कल्क का उबटन, नीम–तेल का अभ्यंग, निम्ब–काष्ठ पर बना भोजन, निम्ब स्वरस का पान, निम्बपत्रों पर शयन आदि उपक्रम कुष्ठरोग का नाश कर देता है।

1. वातजन्य कुष्ठ में –'तिक्ता षटपल घृत' तथा 'महातिक्त घृत' का सेवन लाभदायक है।

2. पितजन्य कुष्ठ में, नीम पलाश लोध्र–पर्पटक से सिद्ध घृतपान से लाभ होता है।

3. नीम पत्र चूर्ण और हरड चूर्ण समभाग लेकर, लगभग 45 दिनों तक सेवन करते रहने से कुष्ठ रोग नष्ट हो जाता है।

4. नीम की सींकें एक ग्राम और भीमसेनी कपूर दोनों को एक लीटर पानी में अड़तालीस घण्टों तक रखकर फिर उस पानी को छान लेवें। यह पानी कांच

के साफ बरतन में लेकर खुली जगह छाया में रखें। इस पानी से पचास–पचास मि.ली. पानी की मात्रा से प्रातः खाली पेट एवं रात को सोते समय पीने से कुष्ट रोग नष्ट हो जाता है। यह प्रयोग चार या पांच माह तक करते रहना चाहिए।

5. नीम की अन्तरछाल, दारुहल्दी, तुलसी, पटोल, कुठ असगंध देवदार, सहजन की छाल, धनिया, सरसों, तम्बाकू, मोथा और मोरपुष्पी सभी समभाग में लेकर चूर्ण बना लेवें। पहले नीम के तेल को शरीर पर चुपड़ लेवें। तत्पश्चात् तैयार किए हुए चूर्ण को छाछ में मिलाकर शरीर पर मलने से कुष्ठ रोग में आराम मिलता है। ठीक होने तक यह प्रक्रिया करते रहे।

(अ.ह.निघण्टु–19)

6. नीम पंचाग, सोंठ, मिर्च, पीपल, हरड़, बहेड़ा, आँवला, हल्दी–इन आठों वस्तुओं का चूर्ण समभाग में लेकर 2–3 ग्राम गरम्र पानी व शहद के साथ लेने से कासविष, प्रमेह, पीडिका एवं कुष्ठादि रोग नष्ट होते हैं।

(ग–निघण्टु)

7. डर्मेफेक्स तेल–यह 'वान' कम्पनी द्वारा निर्मित है तथा कुष्ठव्रण आदि पर लगाने के लिए उत्तम औषधि है।

अर्श (बवासीर) रोगों में नीम

'प्रमेह श्वास गुल्मार्शों मूसिका विषनाशनः

नीम और कनेर की पत्तियों को सम भाग में पीसकर गुदा स्थान पर बांधने से अर्श ठीक होता है।

रक्तार्श के लिए निबौरियों की मज्जा व रसांजन, दोनों 191–192 ग्राम, खूनखरावां और कहरवा 48–48 ग्राम, गुलाबजल के साथ पीसकर चने के बराबर गोलियां बना लेवें। यह योग–'शोणितांश निषूदिनी वटी' बन गया। यह रक्तार्श में लाभ पहुँचाता है।

(सिद्ध भैरव मंजूषा)

निबौरियों की गिरी, रसौंत और मुनक्का तीनों ही 6–6 ग्राम और भीमसेनी कपूर 3 ग्राम –चारों को घोंट लेवें। जंगली बेर के बराबर की गोलियां बना लेवें। एक गोली सुबह व एक गोली सायं पानी के साथ लेते रहें। यह 20 दिन अथवा रोग की स्थिति के अनुसार देते रहें। ये गोलियां रक्तार्श की सिद्ध महौषधि है।

अर्श धूप–नीम के पत्ते, कपिला, खुरासानी, अजवाइन प्रत्येक 10–10 ग्राम, वाकुची बैल के सींग के छिलकों की कतरन 20–20 ग्राम मिलाकर अर्शांकुरों को धूनी देने से लाभ होता है।

निबौरियों की मज्जा, रसौज, मगज, सिरस चाक, सूमगज सभी 10–10 ग्राम,

लेकर इसके चूर्ण की चने के बराबर गोलियां बना लेवें। दो–दो गोलियां सुबह–शाम गर्म पानी के साथ लेने से रक्तार्श नष्ट होते हैं।

(धन्वन्तरी सफल सिद्ध प्रयोग)

अर्शोनिक मलहम–यह चरक फार्मा द्वारा निर्मित प्रसिद्ध मलहम है। नीम सत्व पर बना यह अर्शनाशक मलहम बाजार में उपलब्ध पेटेंट दवा है।

नीम का तेल 50 ग्राम, माजूफल का चूर्ण 15 ग्राम, देशी कपूर 1.5 ग्राम, अफीम 1.2 ग्राम, मोम 15 ग्राम लेवें। पहले नीम तेल को गर्म करके उसमें मोम तथा कपूर को अच्छी तरह मिला लेवें। फिर अफीम और माजूफल का चूर्ण उसमें मिलाकर मलहम तैयार कर लेवें। यह मलहम गुदा के भीतर भलीभांति अंगुली से अर्शांकुरों पर लगा देवें। इससे अर्श का पीड़ा, शोध तथा रक्तस्त्राव आदि कष्ट दूर हो जाते हैं।

दिव्य अर्श वटी –यह दिव्य फार्मेसी, कनखल हरिद्वार द्वारा निर्मित पेटेंट वटी है। यह नीम के बीज, बकाण के बीज, रसोत, छोटी हरड, रीठात्वक, देसी कपूर कहखर, खूनखरावा मकोय, एलुआ, नागदौन आदि से निर्मित है। खाली पेट छाछ के साथ 1–1 या 2–2 गोली दोनों समय सेवन करनी चाहिए।

विभिन्न ज्वरों में नीम

ज्वर आए तो उसका स्वागत करना चाहिए। मनुष्य प्रायः तली हुई चीजें जरूरत से अधिक भोजन आदि में अवश्य लेता है जिससे शरीर में विष की मात्रा बढ़ जाती है। ज्वर, उसी विष को शरीर रो बाहर निकालने की प्राकृतिक प्रक्रिया है। ज्वर को प्राकृतिक उपायों से ही दूर करना उचित है।

ज्वर–मधुफाणित योगेन निम्बपत्राम्भसा डपि बा

दाह–ज्वरांत मतिमान, वामपेत तिव्रमेव च।

अर्थात ऐसा बुखार जिसमें समस्त शरीर में दाह या जलन होती है, उसमें नीम की पत्तियों का स्वरस तीन तोला में, एक तोला शहद मिलाकर पिलाने से वमन होकर ज्वर शान्त हो जाता है। यदि वमन नहीं हो तो और भी अधिक लाभ होता है।

जीर्ण ज्वर–नीम के बीजों की गिरी 10 ग्राम, बादाम गिरी 10 ग्राम, सफेद जीरा 5 ग्राम–तीनों का चूर्ण बनाकर 3 या 4 करेलों के रस में मिला कर 200 मि. ग्राम की गोलियां बना लेवें। सुबह शाम एक–एक गोली लेने से बुखार उतर जाता है।

नीम पत्रों का चूर्ण 10 ग्राम, लाल फिटकरी का फूला बनाकर उसका चूर्ण 50 ग्राम, समुद्री फेन 20 ग्राम, कालीमिर्च का चूर्ण 10 ग्राम, तुलसी पत्र का चूर्ण 10 ग्राम सभी मिला लें। दिन में तीन बार तीन–तीन ग्राम की मात्रा देने से

जीर्णज्वर तीन–चार दिनों में ही उतर जाता है।

विषम ज्वर–नीम की अन्तर छाल, कड़वा उतीस, कुटकी, चिरायता और हरड सभी का चूर्ण बनाकर फांकी लेने से या क्वाथ बनाकर पीने से विषम ज्वर से मुक्ति मिलती है।

श्लेष्मिक ज्वर–नीम पत्र, गिलोय, तुलसी, पत्र, हुर–हुर के 20 पत्र–सभी को मिलाकर 20 ग्राम की मात्रा बना लेवें। इनमें 60 ग्राम काली मिर्च पीसकर 375 मि.ग्राम की गोलियां बना लेवें। एक–एक गोली प्रातः–सायं जल के साथ देने से श्लेष्मिक ज्वर में लाभ होता है।

मलेरिया–मलेरिया का कारण है–'मलेरिया परजीवी' जो इतने छोटे होते हैं कि उन्हें सिर्फ माइक्रोस्कोप द्वारा ही देखा जा सकता है। इनमे मुख्य हैं–प्लाजमोडियम व वाइवैक्स और प्लाजमोडियम कैल्सीकेरम। संक्रमित मादा एनोप्लीज जाति के मच्छरों से मलेरिया फैलता है। इसमें अचानक सर्दी लगकर बुखार आता है, कंपकंपी छूटती है। रोजाना या एक दिन छोड़कर तेज बुखार आता है। लापरवाही जानलेवा हो सकती है।

उपचार–नीम पत्र 6 नग, कालीमिर्च 6 नग दोनों का घासा बनाकर छह–सात दिनों तक निरन्तर देते रहें। धनियें तथा सौंठ का चूर्ण, दोनों सममात्रा में लेकर नीम की और अनार छाल के क्वाथ के साथ चार–चार चम्मच या वैद्य जी द्वारा बताई मात्रा में लेवें। मलेरिया में शीघ्र लाभ हो जाएगा। 600 ग्राम नीम के हरे–पत्ते, चार कालीमिर्च हो तो पीसकर 125 ग्राम पानी में छानकर पीने से मलेरिया ठीक हो जाता है।

नीम पत्र का चूर्ण, कचवार की छाल का चूर्ण दोनों सम भाग लेकर दो–दो चम्मच दोनों समय लेवें।

निबौरियों का तेल–5 से 10 बूंद कैप्सूल में डालकर दिन में दो–तीन बार रोगी को देने से कुछ ही दिनों में रोग जड़ से नष्ट हो जाता है।

डॉक्टर कारनिस का प्रयोग–डॉ. कारनिस ने सिकोना की छाल से, सखियां के प्रयोग से तथा नीम की अन्तरछाल के प्रयोग भिन्न–भिन्न मलेरिया पीड़ितों पर प्रयोग किया। निष्कर्ष रूप में नीम की छाल का प्रयोग जिन रोगियों पर किया वे अधिक मात्रा में स्वस्थ हुए। सिकोना वृक्ष की छाल के प्रयोग से 6 दिनों में 60 रोगियों में से 46 रोगी ठीक हुए। साँखियाँ के प्रयोग से 6 दिनों में 36 रोगियों में से 29 रोगियों को लाभ हुआ। नीम की छाल के प्रयोग से 6 दिनों में 243 रोगियों में से 109 रोगी स्वस्थ हुए। साथ ही ज्वर से आने वाली कमजोरी भी दूर हो गई। शरीर में पर्याप्त शक्ति का संचार भी हुआ।

फ्लू टेबलेट—शिल्पा केम इन्दौर की पेटेन्ट औषधि है। जो वात श्लेष्मिक ज्वर में लाभदायक है।

'त्वरित' सीरप—यह हर्ष इण्डिया कोटा द्वारा निर्मित पेटेंट सीरप है। यह सीरप नीम सत्व से बना हुआ मलेरिया रोग में लाभदायक है तथा यकृत सुधारक पेय भी है।

रेमेडीन टेबलेट—यह काश्मीर आयुर्वेदिक फार्मेसी द्वारा निर्मित है। इस टेबलेट के उपयोग से कुनेन की तरह साइड इफेक्ट भी नहीं होते।

नीम कैप्सूल्स—हिमालय कम्पनी द्वारा निर्मित नीम तेल से बने कैप्सूल भी उपलब्ध हैं। इसके अतिरिक्त अनेक कम्पनियां नीम पर आधारित मलेरियारोधक, वटियां सीरप आसव इन्जेक्शन बनाने लगी है।

स्त्री रोगों में नीम

संकुचन धूप

प्रज्ञालितं तुंबहुशः पिचुमदर्द तोपैर्निम्ब
त्वचा तदनिर्मित धूपकार्यम्।
स्त्रीणां नितम्ब कुहरं प्रविमुक्तगंध,
पैच्छिल्य दोष रहित भचभवेत प्रगाढ़म।

(शोढ़ल संहिता)

अर्थात नीम की छाल को अनेक बार पानी से धोकर, उसी पानी में रुई को भिगोकर योनि में प्रतिदिन रखें तथा धोने से बची हुई नीम की छाल को सुखाकर उसका धुआं योनि मुख पर देवें। योनि संकुचित हो जाएगी, नीम के पानी से उसका प्रज्ञालन भी करें।

योनि शूल—निबौरी को पीसकर लुग्दी या गोली बनाकर योनि में रखने से योनि शूल दूर होता है।

गर्भ निरोध—नीम के बीजों (निबौरियों) के तेल में रुई का फाया भिगोकर सहवास से पूर्व भीतर रखने से शुक्रकीट एक घण्टे में ही नष्ट हो जाते हैं। अतः गर्भ धारण की कोई संभावना ही नहीं रहती।

(श्री उमेदीलाल—नीम के उपयोग)

(उक्त विधि—नसबंदी आपरेशन तथा गर्भ—निरोधक गोलियों के सेवन की अपेक्षा अधिक सुरक्षित उपाय है।)

श्वेत प्रदर—नीम की अन्तरछाल का रस 15 मि.ली. जीरे का चूर्ण 2 गुणा मिलाकर, दिन में तीन बार पीने से रक्तश्राव रुक जाता है।

निबौरी की मींगी 100 ग्राम, मुनक्का 100 ग्राम दोनों को पीसकर मटर जितनी बड़ी गोलियां बना लेवें। एक–दो गोली, बबूल की पत्तियों के क्वाथ के साथ तीन–चार दिन पीने से कैसा भी जीर्ण श्वेत प्रदर, हो मुक्ति मिल जाती है।

प्रसूति ज्वर–प्रसव होने पर प्रथम दिन से ही नीम के ताजा पत्तों का रस आधा–आधा कप दो दिनों तक पिलाने से प्रसूता स्त्री को रजःश्राव साफ होता है तथा गर्भाशय की सूजन मिट जाती है। प्रसवोत्तर ज्वर भी शान्त हो जाता है।

माँ का दूध सुखाना–कभी शिशु की मृत्यु के कारण माँ के दूध को सुखाने की आवश्यकता पड़ जाती है, तब नीम्बोरी की गिरी को पीसकर स्तनों, पर लेप करने से दूध सूख जाता है।

मासिक धर्म के दोष–नीम की छाल, पुराना गुड़, काले तिल और गोरखमुण्डी को जोकुट कर के 20 ग्राम को आधे लीटर पानी में औटाकर क्वाथ काढ़ा बना लेवें। इसके सेवन से मासिक धर्म के समस्त दोष दूर हो जाते हैं। यह प्रयोग कम से कम 15 दिनो तक निरन्तर करना चाहिए।

यक्ष्मा (टी.बी) में नीम

जनरल ऑफ इण्डियन केमिकल सोसायटी में प्रकाशित एक लेख के अनुसार नीम की पत्तियों में क्रेर्सेटिन नाम का एक जीवाणुनाशक पदार्थ होता है। इस पदार्थ की मात्रा कोपलों (नई पत्तियों) में अधिक होती है। यह क्षय रोग के जीवाणु माइक्रोबैक्टीरिया ट्यूबरक्यूलोसिस को नष्ट कर देने की क्षमता रखता है।

यक्ष्मारोधी धूप–नीम–पत्र 800 ग्राम, बड़ी हरड 400 ग्राम, गुग्गुल 200 ग्राम, अजवाइन, अकौवा 200 इन सबको कूट लेवें। इसके अलावा मोरपंखी, सरसों–दाने, वच, देवदारु, अगर सफेद व लाल चंदन ये छह चीजें प्रत्येक 50 ग्राम की मात्रा में लेकर इनके साथ हींग 50 ग्राम गुर्च 50 ग्राम, तुलसी के सूखे पत्ते 50 ग्राम को भी कूट लेवें। सभी को एक साथ मिलाकर धूप बना लेवें। यह धूप 10 ग्राम सुबह सूर्योदय से पूर्व, दोपहर तथा रात को रोगी के शयन कक्ष में जलावें–यह राजयक्ष्मा के रोगी के लिए बहुत ही लाभप्रद है।

(धन्वन्तरी स. सिद्ध प्र. अंक)

व्रणोपचार

1. नीम के पत्तों को पीसकर व्रण पर लेप करने से व्रण बैठ जाते हैं।

2. नीम के पत्तों की लुग्दी में 1 ग्राम स्फटिक भस्म मिलाकर व्रण पर बांधने से व्रण की सूजन उतरकर व्रण बैठ जाता है।

3. नीम के पत्तों का स्वरस 400 ग्राम, गोमूत्र 100 ग्राम, रस कपूर 10 ग्राम,

मोम 20 ग्राम लेवें। इन सबको घी में जलाकर छान लेवें। इस घी को अलग कर इसमें रस कपूर मिलाकर मलहम बना लेवें। यह मलहम कैसे भी नए व पुराने व्रण को शीघ्र भर देता है।

निम्ब पत्राणी सक्षिप्य मधुना वर्ण शोधनम।

(हारित संहिता।)

अर्थात् वर्ण को साफ कर नीम की पत्तियों को मधु (शहद) में पीसकर लुग्दी बनाकर वर्ण पर बांधने से वर्ण भर जाता है।

रक्त विकारों में नीम

रक्तजन्य विकार कई, तरह के होते हैं, यथा–गुल्म (वायु का गोला), उपकुश (पायरिया), विषय (फोड़े–फुन्सी) रक्तपित्त, रक्तमेह, बातशोणित, वैतृत्व, बुद्धिसमोह, चर्म विकार आदि। इन रोगों के उपचार में नीम समर्थ औषधि है तथापि इसके साथ जुलाब लेते रहें व उपवास भी करते रहें तो अधिक लाभ होता है। इन रोगों में नमक, बेसन, अरबी, उड़द, आचार कुपथ्य है।

रक्त सुधा–भारतीय महौषधि संस्थान अनूप शहर द्वारा निर्मित प्रसिद्ध रक्तशोधक पेय है।

उरबो टेब–यह गोस्वामी ड्रग्स रतनगढ़ की नीम सत्वाधारित वटी है। दिन में 2–2 वटी तीन समय लेने के निर्देश हैं।

स्केबीनिक्स आइनमेंट–यह लक्ष्मी केमीकल इण्डस्ट्रीज मथुरा द्वारा निर्मित खाज, खुजली आदि चर्म रोगों की पेटेंट औषधि है। इसे शरीर पर लगाकर एक घण्टे बाद गर्म पानी से नहाना चाहिए।

ब्लड रिफाइनर–यह दीनबन्धु रसायनशाला अनूपगढ़ की प्रसिद्ध रक्त–शोधक औषधि है।

चार्मिन मलहम– यह त्रिमूर्ति फार्मेसी बीकानेर द्वारा निर्मित मलहम है। यह स्रावयुक्त पाम चर्म रोगों में गुणकारी है।

एक्सीबेक–यह मलहम चर्म रोगों हेतु है। यह सरदार शहर का बना हुआ है।

मार्गेसोप– लाइफबाय (नीम, तुलसी) आदि अनेक वस्तुएं बाजार में उपलब्ध होने लगी है।

शिल्पापरीला–यह शिल्पा केम इन्दौर द्वारा निर्मित कैप्सूल है। यह मुँहासों को मिटाते हैं।

अन्य रोगों में नीम

तान्त्रिक धूप (भूतादि धूप)–नीम के पत्ते, बच, हींग, सांप की केंचुली और सरसों के दाने सम भाग मिलाकर धूप तैयार कर लेवें। यह धूप हिस्टीरिया, डाकिन तथा भूतादि उन्माद को शान्त करती है।

(अमलतास, अगस्त 04)

कृमि–रोग–''नीम पत्र, समुद भूंत रस क्षोद्रयुत पिवेत'' अर्थात् नीम पत्र स्वरस में छाछ, भुनी हींग मिलाकर पीने से पेट के कृमि, कृमिजन्य कमजोरी (पाण्डू), मंदाग्नि आदि नष्ट होते हैं।

(भावप्रकाश)

दन्त–रोग–नीम की टहनी व पत्तों की भस्म का मंजन दंतरोगनाशक है।

नेत्र–रोग–नीम की पत्तियां पीसकर आंखों पर बांधने से नेत्र पीड़ा, सूजन ललाई मिट जाती है।

बालों का झड़ना–सिर मुंडवाकर नीम के व बेर के पत्तों की लुग्दी का लेप करने से बालों का झड़ना रुक जाता है व घने बाल उग आते हैं।

कर्ण–रोग–नीम के पत्तों के रस में थोड़ा सा नमक मिलाकर कानों में टपकावें। नीम के 2–3 पत्ते तेल में जलाकर, छानकर तेल की दो–तीन बूंदें कान में डालें।

काजल–नीम के अधखिले फूलों को बांटकर रुई की बत्ती पर लेप करके, तिल के तेल का दिया जलाकर उसकी लौ पर पानी का कटोरा रख देवें। कटोरा लौ से एक–डेढ़ इंच ऊपर रखना चाहिए। कटोरे के पैंदे में लौ के घुएं से काजल जमता रहेगा। इस काले पदार्थ को गाय के घी में मिलाकर काजल बना लेवें।

नीम का साबुन (कपड़े धोने के लिए) –एक किलो कास्टिक सोड़ा लेवें। छह लीटर पानी में आंच से कास्टिक सोड़ा गलाकर रख देवें। फिर सोलह लीटर नीम का तेल कडाही में गरम करें और लकड़ी के डण्डे से हिलाते रहें। यह घोल गाढ़ा पड़ जाएगा। इस गाढ़े घोल को उपयुक्त बरतनों में जमा देवें। चौबीस घण्टों बाद बट्टियां काटकर रख देवें। यह नीम का साबुन तैयार हो गया।

पुरुष निरोध गोलियां व एडस् की औषधि–अनुसंधान शालाएँ बहुत शीघ्र पुरुष निरोध गोलियां तैयार कर लेंगी। एड्स जैसे भयानक रोगों के टीके भी तैयार करने हेतु शोध चल रहे हैं। एड्स की बीमारी एच.आई.वी. नामक विषाणु से फैलती है। दो सप्ताह बाद ही खून की जाँच से ज्ञात होता है कि यह विषाणु शरीर में प्रवेश कर चुका है।

सावधानियां (पथ्य–कुपथ्य) –वात, पित्त और कफ–ये तीनों ही दोष सब

रोगों को उत्पन्न करते है। इन दोषों के कुपित होने से पहले इनका संचय होता है। यदि इस संचयकाल में ही दोषों का निर्हरण कर लिया जाए तो रोगों की उत्पत्ति ही रुक जाती है। कफ का संचयकाल हेमन्त ऋतु है और प्रकोप काल बंसत ऋतु है। कफ का उचित इलाज वमन है। अतः बसंत आगमन के साथ ही वमन द्वारा कफ का निर्हरण कर लिया जाए तो कफज रोग नहीं होता। बसंत में कम उष्ण और तीक्ष्ण आहार उचित है। पित्त का संचय वर्षाकाल में तथा प्रकोप शरद ऋतु में होता है। अतः वर्षाकाल में पित्तकारक आहार नहीं करना चाहिए। तली हुई चीजें, चटपटे पदार्थ पित्तवर्धक हैं। वात का संचय ग्रीष्म ऋतु में होता है। प्रकोप वर्षा काल में होता है। वर्षा काल में तीखे, चटपटे खाद्य काम में न लेकर मधुर रस वाले पदार्थों का सेवन उचित है।

पथ्य का अर्थ केवल आहार ही नहीं है, विहार एवं आचार का भी इसमें समावेश है।

नींबू

साइट्रस मेडिका (Citrus medica)

"नींबू घर में हमारा सेवक है, साथी है। समाज के लिए उच्चकोटि का वेदा है और समूची मानवता के लिए बहुत बड़ा वैज्ञानिक–अज्ञात"

नींबू के नाम से कौन परिचित नहीं होगा? यह भारत का अपना लोकप्रिय फल हैं। भारत में दक्षिणवृत्त इसकी जन्मस्थली कहा जाता है। संतरा, माल्टा की उत्पत्ति स्थल चीन माना जाता हैं। विश्व में नीम्बू उत्पादक देशों में अमेरिका, स्पेन, इटली, मैक्सिको, जापान, इजराइल, अफ्रीका, आस्ट्रेलिया आदि प्रमुख हैं।

भारत में इसकी खेती शताब्दियों से होती आई है किन्तु व्यावसायिक रूप से 50–60 वर्षों पूर्व ही इसका महत्व बढ़ा है।

नींबू पौधा नहीं है। यह पेड़ भी नहीं है। झाड़ी भी नहीं हैं। यह पौधा और पेड़ के बीच का झाड़ कहा जा सकता हैं। इसे मध्यम वृक्ष कहा जा सकता है। अल्पजीवी झाड़ नहीं, लगभग 40 वर्षों तक फलने वाला झांड हैं जिसकी टहनियों पर छीटे कांटे होते हैं।

इस खट्टे तथापि अमृततुल्य संजीवन फल की पहुँच विश्व के कोने–कोने में हैं। भोजन का लोकप्रिय अंग है–नीबू ! मानव स्वास्थ्य का सुरक्षित प्रहरी हैं नींबू। सैकड़ों–सैकड़ों औषधियों का सम्भागी है नींबू ! नमक के बाद भोजन का सर्वव्यापी एवं सर्वप्रिय स्थान यदि किसी फल का है तो वह है–नींबू। अमेरिका जैसा विकसित देश हो या भारत जैसा विकासशील या फिर अर्धविकसित देश हो

या कोई समुद्री अन्तरीप, सर्वत्र नीम्बू की माँग हैं, पहुँच है।

अन्य समस्त फलों में नीम्बू की इस लोकप्रियता का कारण है–इसमें विटामिनों की भरमार, विटामिन ए, बी, सी के अतिरिक्त खनिज तत्व भी इसमें हैं। –विटामिन ''सी'' का तो यह और आंवलां दोनों ही बादशाह हैं। इस वर्ग में नीम्बू से अधिक स्वादिष्ट फल मौसमी, नारंगी, संतरा हैं–फिर भी नीम्बू लोकप्रियता में सबसे आगे हैं

नीम्बू की अनेक जातियाँ–प्रजातियाँ विकसित कर ली गई हैं। मुख्य रूप से इसकी 6 जातियाँ ही मानी जाती हैं–

1. कागजी नीम्बू (Citrus Asida)
2. कन्ना नीम्बू (Citrus Decuman)
3. जम्बीरी नीम्बू (Citrus Lamunum)
4. भीठा नीम्बू (Citrus Lemetta)
5. बिजोरा नीम्बू (Citrus Medica)
6. सीडलेस लाइम (नीर्बीजी नीम्बू)

1. कागजी नींबू :–इन सभी में कागजी नीम्बू की ही माँग अधिक हैं, उपयोग भी अधिक हैं तो उत्पादन भी इसीका अधिक हैं। यह दो किस्म का होता हैं।

2. कन्ना नीम्बू :–बीजपूरोपरः मधुरो मधुकर्कटी

(भावप्रकाश)

संस्कृत में इसको–मधुकरकरी, मधुर, बीजपुर आदि कहते हैं। हिन्दी में इसे बिजोरा, कन्ना, चकोतरा आदि कहते हैं मराठी में पोपनाश कहते हैं। अंग्रेजी में **पोमेला** और **लैटिन** में **साइट्स डेक्युगेगा (Citrus decumana)** कहते हैं।

इसका उत्पति स्थान बताबिया देश माना जाता है। शायद इसीलिए बंगला में इसे बतावी नीम्बू कहते हैं। इसका फल लम्बाई लिए हुए आधा किलो से डेढ़ किलो तक वजन का होता हैं। फूल सफेद व सुगन्धित होते हैं।

3. जम्बीरी नीम्बू :–**हज्जम्बीर मुष्णं गुर्वम्लं वातश्लेष्मन्धनुत्।**
शूलकास कफो त्क्लेशच्छर्दिततृश्ष्णाम दोष जित्
आस्यवैरस्य हृत्पीड़ा व्हतीमांद्य कृमीन्हरेत्
स्वल्प जम्बीरिकां यद्वम् तृष्णाछर्दि निवारणी।।

(भावप्रकाश)

अर्थात जम्बीरी नींबू उष्ण, गुरू, खट्टा तथा वायु, कफ और विबन्ध रोग नाशक हैं। शूल, काश, गरम, कफ, उबकाई, वमन, पिपासा, आमदोष, मुख की विरसता, हृदयपीड़ा, अग्निमाद्य और कृमि रोगों को नष्ट करता हैं। एक छोटी

प्रजाति का जम्बीरी नींबू भी होता है वह बड़ी जाति के जम्बीरी के जैसे गुणों वाला तो नहीं होता तथापि पिपासा और वमन रोधी है।

रोचनादीपनस्तीक्ष्णः सुगन्धिमुख बोधनः।
जम्बीरः कफवातघ्न कृमिघ्न, मुक्त पाचनः।।
(चरक संहिता)

चरक संहिता में जम्बीरी नीम्बू के गुणों को बताते हुए लिखा है कि यह रुचिवर्धक, अग्निदीपन, तीक्ष्ण मुँह में सुगन्धि बोधक, कफ और वायु नाशक है। साथ ही यह कृमिनाशक और पाचक है।

4. मीठा नीम्बू :—यह ठीक जम्बीरी नीम्बू की तरह ही होता है किन्तु स्वाद में मधुर होता हैं। यह कागदी नीम्बू से बड़ा होता है। यह दूसरे दर्जे का ठण्डा और तर होता है। इसके गुण—धर्म के बारे में भाव प्रकाश में लिखा हैं—

मिष्ठ निम्बूफलं स्वादु गुरू मारूत पित्तनुत ।
गलरोग, विषध्वंसि कफोत्क्लेशि च रक्तहृत ।।
शोफारूचि, तृषाच्छर्दिहरं वल्यं च वृहणम ।।

अर्थात यह स्वादिष्ट, मधुराम्ल (खट्ट मिट्ठा), भारी और वात—पित्तनाशक है। गले के रोग, सर्पविष, रक्तविकार, कफज व्याधियाँ, शोध, अरुचि, तृषा और वमन आदि व्याधियों को नाश करता है। यह बलवर्धक और पुष्टिदायक है प्रायः इसे शर्बती नीम्बू कहा जाता हैं। अंग्रेजी में स्वीट लेमन कहते हैं।

5. बिजोरा नीम्बू:—फल बड़ा होता है, इस नीम्बू का छिलका मोटा होता है। पकने पर पीला हो जाता हैं। इसके सभी अंग (रस, पत्र, पुष्प, छिलका व जड़) औषधि गुणों से सम्पन्न होते हैं।

संस्कृत में इसे मातुलुंगा, बीज पूरक, मुकेशक जड़ आदि कहते हैं। हिन्दी में बिजौरा, बड़ा नीम्बू कहा जाता है।

बीजपूरफलं स्वादु रसेम्लं दीपनं लघु।
रक्तपितहरं, कण्ठ जिह्वा हृदय शोधनम
श्वास कासा रूचिहरं हृदयं तृष्णाहरं स्मृतम

(भाव प्रकाश)

अर्थात बिजौरा नीम्बू (मातुलुंगा) अम्ल रस प्रधान, दीपन, लघु, रक्तपित्त नाशक, जीभ, कण्ठ और हृदय शोधक, श्वास, कास और अरुचि नाशक, पिपासानाशक है।

छिलके के सबंध में राजनिघण्टु में वर्णन है :—

फलन्वग्दुर्जरातिक्त तीक्ष्णो स्निधिका गुरू
कृमि वाल कफान्हन्ति, त्वगडवः साधु शीतल।

(राजनिघण्टु)

अर्थात बिजोरा निम्बू का छिलका दुष्पाच्य और तिक्तरस युक्त होता है। यह स्निग्ध, गुरू, उष्ण और तीक्ष्ण होता हैं। यह कृमि और वात् कफ दोष हर होता हैं।

फूल के संबध में लिखा हैं:–

पुष्पन्तु मातुलुगत्य दीपनं ग्रहि शीतलम् !
लघु वात रक्त पितं नाशयेदिति कीर्तितम।।

इसके फूल दीपनग्राही और शीतल होते हैं। यह लघु और वात तथा रक्तपित नाशक हैं।

केसरस्य रसः पार्श्व बस्तिशूल कफारूचिः।
वातन्च श्वास कासंच छर्दिन्चैव विनाशयेत्।

अर्थात इसके पुष्पकेसर का रस, पार्श्वशूल, बस्ति शूल, कफ और अरूचि, वायु श्वास कास, वमन आदि रोगों को नष्ट करता है।

बीज– **बीजन्तु मातुलगस्य गर्भदं दुर्जर गुरू !**
उष्णं तिक्तं दीपनश्च बल्यमर्शो रूजापहम !
वातपित्त शोक कफनाशयेदिति कीर्तिनम ।

अर्थात इसके बीज दुष्पाच्य, गुरू और गर्भदायक हैं। यह तिक्तरस प्रधान, उष्ण, दीपन बलकारक और अर्शशामक है।

गुण धर्म–निम्बुकाक्लं वातध्न दीपन पाचनं लघु (भाव प्रकाश)
अर्थात् कागजी नीम्बू का रस वायुनाशक, दीपन–रेचक और लघु हैं)

दन्ता घातः शोधनो जन्तुमारी, निम्बुकः स्याद्रोचनो रूद्रसंज्ञः।
निम्बूकं कृमि समूहनाशनं तीक्ष्ण मम्ल मुदरग्रहापहम।।
वातपित कफशूलिनेहितं कष्ट नष्ट रूचि रोचनं परम्।
त्रिदोष वहिन क्षय वातरोगिनि पीड़ितानां विष विहलानाम्।
मन्दानले बद्ध शूदप्रदेय विसूचिकायं मूनयों वदन्ति।

(निघण्टु रत्नावली)

यह दांतो पर तीक्ष्ण प्रभाव डालता है। पाचक संस्थान का शोधक कृमिनाशक और रुचिवर्धक है। यह प्रायः समान प्रकार के कृमियों का नाशक और तीक्ष्ण अम्ल होता है।

वातज, पित्तज एवं कफज, शूल में हितकारी और रुचिवर्धक है।

यह त्रिदोष शामक अग्निमांदय, वात रोग और विष रोगों में हितकारी है। बद्ध गुद तथा हैजे में इसका प्रयोग अवश्य करना चाहिए। नींबू का रस अम्लति मेदस्विता (मोटाण) एवं डिप्थीरिया रोगों में लाभप्रद है।

निषेध डॉ.आर.एन. खांसी एवं अन्य विशेषज्ञों का कथन है कि नींबू के रस में विद्यमान साइट्रिका एसिड का अधिक सेवन निषेध है। इसका अग्नाशय पर कुप्रभाव पड़कर उसकी क्रिया को निर्बल कर देता है। अतः रक्त संगठन में विच्छेद हो जाता है। साइट्रिक एसिड का प्रभाव पर भी अच्छा नहीं पड़ता। मूत्रस्थ यूरिक एसिड अकक्षैण्ति होकर पृथक् हो जाता है और यह यूरिक एसिड धीरे–धीरे पथरी का रूप धारण कर सकता है नींबू के लिए विशेष बात यह कही जाती है कि अन्य अम्ल रस वाले फलों में बहुत से अम्ल द्रव्य ऐसे उत्पन्न हो जाते हैं जो मानव की आंतरिक पाचन क्रियाओं पर बुरा असर डालकर धातुओं पर हानिकारक प्रभाव डालते हैं परन्तु नींबू इसका अपवाद है।

नाम वैविध्य

हिन्दी	–	नीम्बू
संस्कृत	–	मातुलुंग, सुकेसर, राचकफला
बंगला	–	नेम्बू
गुजराती	–	लीम्बू
अरबी	–	लिमुने तुर्श
अंग्रेजी	–	लेमन (Lemon)
लैटिन	–	साट्रस ऐसिड (Citrus Acid)

रसायनिक संगठन

नीम्बू में फास्फरिक ऐसिड, गोलेक ऐसिड, कार्बेहाइड्रेड एवं साइट्रिक ऐसिड पाया जाता है। इसके रस में कुछ अम्लनाशक क्षार एवं खनिज द्रव्य भी पाए जाते हैं। यह प्रमाणित तथ्य है कि अन्य अम्ल रस प्रधान फलों की अपेक्षा नीम्बू में मानव–संजीवन तत्व (Vitalizing Acids) विशेष परिमाण में उपलब्ध हैं इसके छिलकों से भी एक प्रकार का तेल निकाला जा सकता हैं। इस तेल को 'साइट्रोनिक आइल' कहते हैं। जम्बीरी नीम्बू अपेक्षाकृत अधिक औषधीय महत्व का होता है।

वानस्पतिक संगठन

नीम्बू के वृक्ष को मध्यम श्रेणी का वृक्ष माना जा सकता है। उसकी ऊँचाई 6 फीट से 10–11 फीट तक होती है। इसके पत्ते अण्डाकार आगे से नुकीले होते हैं। पत्ते कंटकित शाखाओं पर लगे रहते है। पत्तों में भीनी–भीनी सुगन्ध होती है।

इसके फूल छोटे, सुन्दर' सुगन्धित होते हैं। वर्षा के समाप्त होते ही फूल आने लग जाते हैं।

इसके फल प्रायः शीतऋतु के अंत तक गदराने लगते हैं। कच्चे फल हरे व पकने पर पीले होते हैं। प्रतिदिन के भोजन में प्रायः कागजी नीम्बू का उपयोग होता है किन्तु औषधीय दृष्टि से कागजी नीम्बू से अधिक महत्व जम्बीरी नीम्बू का होता है।

नीम्बू की किस्में:—

कागजी, बारहमासी, प्रमालिनी, विक्रमसीडलेस, लाइम। लाइभ सर्वथा नवीन किस्म है जो कृषि विश्वविद्यालय परभनी द्वारा ईजाद की गई है।

उत्पादन समय—यों तो पूरे वर्ष ही झाड़ों पर छुटपुट नीम्बू लगते ही रह सकते हैं किन्तु फल उतारने का मुख्य समय जुलाई—अगस्त माना जाता है। उत्पादन की मात्रा (प्रतिशत) व समय—झाड़ की आयु भूमि, जलवायु, उसकी देखरेख रोग आदि अनेकों बातों पर निर्भर है। नीम्बू पर जितनी मात्रा में फूल लगते हैं उतनी मात्रा में फल नहीं लगते। अनुकूल परिस्थितियां हो तो 60% से 70% तक फलों का उत्पादन सम्भव है।

सामान्य जलवायु में एक नींबू के झाड़ से लगभग 800 से 1000 तक की संख्या में फल सहज ही प्राप्त किए जा सकते हैं या यों कहें कि 70 से 85 किलों तक फल उतारे जा सकते हैं।

यदि एक नीम्बू का औसत वजन 1.5 औंस मान लिया जाय तो एक एकड़ में 16.284 फलों की प्राप्ति सम्भव है। यह अनुमानित गणना है। पेड़ों की आपसी दूरी व संख्या से यह गणना घट या बढ़ सकती है। मौसमी व संतरों की उपज नीम्बू की अपेक्षा प्रति—झाड़ अधिक होती है।

उपज—भारत में कतिपय नीम्बू उत्पादक प्रान्तों व नगरों में प्रति एकड़ उपज का अनुमान इस प्रकार हैं :—

1.	मैसूर	22	क्विंटल, प्रतिवर्ष, प्रति एकड़
2.	मद्रास	12	क्विंटल, प्रतिवर्ष, प्रति एकड़
3.	मुम्बई	02	क्विंटल, प्रतिवर्ष, प्रति एकड़
4.	उत्तर प्रदेश	02	क्विंटल, प्रतिवर्ष, प्रति एकड़
5.	पंजाब	01.5	क्विंटल, प्रतिवर्ष, प्रति एकड़
6.	राजस्थान	01.5	क्विंटल, प्रतिवर्ष, प्रति एकड़

भण्डारण—पूर्व में बताया जा चुका है कि नीम्बू का भण्डारण शीत गृहों में कई महिनों तक किया जा सकता है। इसमें फलों की गुणवत्ता पर भी कोई विपरीत असर नहीं पड़ता। शीत ग्रह, फलों के छिलकों, उसकी नमी व उनकी अन्य कायिक क्रियाओं को भी नियंत्रित रखता हैं। फलों के छिलके की मोटाई

व गुणों के अनुसार अलग–अलग फलों के सुरक्षित भण्डारण की अवधि भी अलग अलग होती हैं।

पेकिंग–नींबू को बाजार या मण्डी में भेजते समय टोकरियों, लकड़ी के बक्सों या जालीदार बोरों का उपयोग किया जाना चाहिए। पेकिंग से पूर्व फलों को उसके आकार रंग आदि के अनुसार वर्गीकृत (ग्रेडिंग) करके ढ़ेर लगा लेना चाहिए। उसी के अनुसार पेकिंग करने से अच्छी कीमत मिल जाती हैं। नीम्बू की पेकिंग करते समय यह भी ध्यान रखा जाना चाहिए कि उन्हें हवा भी मिलती रहे। लकड़ी के बक्से हो तो उनमें कुछ छेद कर दिए जाने चाहिए। हवा नहीं मिलेगी तो फल जल्दी खराब हो जाते हैं।

टोकरें हों, बक्से हों या बोरे हों पेकिंग से पहले नीचे कोमल पत्तियाँ जरूर लेनीचाहिए। इस काम के लिए नीम की पत्तियाँ उत्तम मानी जाती हैं।

पेंकिग के समय चोटिल, या दागल फल अलग कर लेने चाहिए। ऐसे फल अन्य फलों को भी खराब कर देते हैं।

एक बोरे में सामान्यतया 600 से 750 तक नींबू पर्याप्त होते हैं। अधिक भरे जाने से नीचे के फलों पर दबाव पड़ता है, वहाँ तक वायु की पहुँच भी कम होगी। इससे की गुणवत्ता, रंग (चमक) आदि प्रभावित होते हैं।

बीज (1) नीम्बू के बीज अधिक समय तक सुरक्षित नहीं रहते, अतः ताजा बीज ही बोये जाने चाहिए। अधिक दिनों का बीज सूख जाता है। उगेगा नहीं ! उग जायेगा भी तो पौधा निर्बल होगा, वह कुछ ही समय में सूख जाएगा या ''अडक'' होगा अर्थात् फल देने की क्षमता से विहीन होगा।

(2) बीज प्राप्त करने के लिए स्वस्थ, ठीक से पके हुए नींबूओं को छाँटकर लेवें। उन्हें अधिक पकने देवें जब वे पिलपिले पड़ने लगें तो उनके गूदे को मसलकर बीज निकाल लेवें।

(3) उपलब्ध बीजों में से भी उत्तम संपुष्ट बीजों को अलग छाँटकर उन्हें ही बीजाई के लिए उपयोग में लाना चाहिए।

(4) बीजों में से भी उत्तम और घटिया बीजों की पहचान के लिए पानी से भरी बाल्टी में बीजों को डुबाकर रखे। तैरकर ऊपर आ जाने वाले बीजों को निकालकर फेंक देवें। नीचे बैठे हुए बीज बीजाई के लिए उत्तम होते हैं।

(5) स्वस्थ बीजों का भण्डारण करना हो तो शीत गृहों का उपयोग किया जाना चाहिए। कम मात्रा में बीज हो तो उन्हें राख में मिलाकर भी रखे जा सकते हैं।

धरती माता को स्वस्थ रखने से ही स्वस्थ फसलें पैदा होगी, अतः धरती के

स्वास्थ्य का हमें सर्वाधिक ध्यान रखना होगा। रसायनिक खादों एवं कीटनाशकों का बड़ी मात्रा में प्रयोग करके एक तरफ हमने मृदा को मृर्दा बना दिया। दूसरी तरफ पर्यावरण को भी अतंतुलित किया। हमारे मित्र कीटों को भी नष्ट कर दिया इसके दुष्परिणाम हम तो भुगत ही रहे हैं हमारी आनेवाली पाढ़ी और अधिक भुगतेगी।

नारायण लाल प्रजापति
निदेशक एग्रो फोरेस्ट्री कार्पोरेशन, जोधपुर
(अमलतास, अप्रेल 2005 पृष्ठ 48)

नींबू फल ही नहीं, औषध भी है, अतिरिक्त पड़ी भूमि का सदुपयोग का साधन भी है, अच्छी आय का बहुवर्षीय साधन भी है। इसकी कृषि की ओर सरकारों का और कृषकों का रूझान निरन्तर बढ़ने लगा है और वृहत स्तर पर कृषि की जाने लगी है।

बुवाई–नीम्बू की बीजाई (बुवाई) के लिए प्रायः चार विधियां प्रचलित हैं।

1. बीजों द्वारा सीधी बुवाई
2. आँख बाँधकर
3. दाब कलम द्वारा
4. गुटी कलम द्वारा

1. बीजों द्वारा सीधी बुवाई–यह बुवाई की सबसे सरल व प्राचीन परम्परित विधि है। इसमें बीजों को सीधे ही खेत में उचित दूरी रखकर पूर्व तैयार किए गड्डों में बो दिया जाता है।

● इस हेतु प्रयोग में लाए जाने वाले बीज ताजा होने चाहिए–अधिक पुराने बीजों का गुदा सूख जाता है वे उगते नहीं। उगते भी हैं तो पौधों की उम्र नहीं होती। ठीक से पौधा फलता भी नहीं।

● अच्छी किस्म के पुष्ट बीज ही बोने चाहिए। उत्तम बीजों की पहचान के लिए एक बाल्टी में पानी भरकर उसमें बीजों को डूबों दिया जाना चाहिए। जो बीज ऊपर तैर आएं वे बुवाई के लिए ठीक नहीं होते किन्तु जो बीज नीचे बैठे हुए हों वे बीज उपयुक्त समझे जाते हैं। इन उपयुक्त बीजों में भी कटा–टूटा या दुर्बल रह गया हो तो उसे निकालकर फेंक देवें।

● बीजों की बुवाई से पूर्व भूमि तैयार कर लेनी चाहिए।

● बीज बोने के बाद हल्की सिंचाई करनी चाहिए। सिंचाई फव्वारा विधि से करने से बीज सुरक्षित रहते हैं, बाहर नहीं आते। फिर भी ध्यान रखना चाहिए बीज खुल नहीं जाय। यदि कहीं ऐसी स्थिति हो तो बीज को पुनः ठीक से ढक देगें।

● बीज बोने के लिए बनाए गए गड्डों की परस्पर दूरी 12 से 15 फीट होनी

चाहिए। ताकि झाड़ आराम से फैल सकें–परस्पर उलझे नहीं। उन्हें हवा, धूप प्रकाश पर्याप्त व निर्बाध मिलते रहें।

प्रति एकड़ कितने बीज लगेंगे इसका हिसाब बीजों की दूरी से लगाया जा सकता है।

पौध तैयार करके (नर्सरी द्वारा)

● पहले नर्सरी में बीजों द्वारा पौध तैयार की जाती है। पौध के लिए प्लास्टिक की थैलियों का उपयोग किया जाता हैं। थैली में गोबर की सड़ी खाद व अन्य रसायनिक खाद्य की उचित मात्रा ठीक से मिलाकर इतनी भरे कि ऊपर से एक–डेढ़ इन्च ठीक से मिलाकर इतनी भरे कि ऊपर से एक डेढ़ इन्च खाली रहे। थैली के नीचे छेद कर देना चाहिए जिससे सींचे हुए पानी का अतिरिक्त अंश नीचे भूमि में उतरता रहे। इन दिनों इस हेतु सभी यथोचित साधनों से समझना, ग्रीन हाउसों की व्यवस्था है।

● **पौध का प्रतिरोपण**–नर्सरी से एक–डेढ़ फीट ऊँचाई के पौधों को अर्थात् 6 माह की उम्र के पौधे को, खेत में पहले से तैयार गड्ढ़ों में प्रतिरोपित कर दिया जाता हैं।

● एक एकड़ में कितने पौधे चाहिए इसका हिसाब पौधों के बीच रखी जाने वाली दूरी से सहज ही लगाया जा सकता है।

● एक एकड़ में 4,3560 वर्गफुट होते हैं। यदि पौधो की परस्पर दूरी 20X 20 रखी जाय और झाड़ 400 वर्गफुट स्थान घेरता हो तो एक एकड़ में पौधों की आवश्यकता होगी।

● **रोपण विधियाँ**–पौधे लगाने से पहले यह निर्णय कर लेवें कि–(1) भूमि कितनी है, (2) पौध किस विधि से लगानी है, (3) पौधा रोपण की दूरी कितनी रखी जाय। पौधे रोपण की दो विधियां अधिक प्रचलित हैं–(1) वर्गाकार कृषिकरण (2) त्रिभुजाकार कृषिकरण

● **त्रिभुजाकार (षटकोणाकार)**–इस विधि में त्रिभुज के आकार में निर्धारित दूरीनुसार चिन्ह लगाकार गड्ढ़े खोद लिए जाते हैं।

पौध प्रतिरोपण हेतु क्षारीय भूमि अच्छी नहीं मानी जाती। भूमि जल निकास युक्त हो तो बहुत अच्छी समझी जाती है।

पौधा ज्यों–ज्यों ऊपर बढ़ता रहे, नीचे से उसकी छटाई करते रहना चाहिए ताकि झाड़ ऊंचा उठता अन्यथा रहे। केर–बेर की तरह नीचे ही पसरे नहीं। झाड़ अधिक ऊँचा भी नहीं उठा जाना अन्यथा निम्न कठिनाइयाँ होंगी :–

1. फल तोड़ने में कठिनाई होगी।

2. आँधी व तेज हवा से झाड़ आडा–तिरछा हो सकता है, गिर भी सकता हैं।

3. कीटनाशक आदि छिड़कने में कठिनाई होगी।

2. आँख बाँधना (Budding)–इस तरीके से प्रतिरोपित पौधा अपेक्षाकृत अधिक तेजी से विकसित होता हैं तथा फलों का स्तर भी अच्छा रहता है। उत्पादन भी यथेष्ट हो पाता है। पौधें की उम्र भी अधिक (35 वर्ष के लगभग) होती है। नीम्बू वर्ग की सभी किस्मों की आँखें बाँधी जा सकती हैं।

पौधों का चयन–

1. इस हेतु स्वस्थ पौधों का ही चुनाव करना चाहिए।

2. पेड़ की ऐसी स्वस्थ शाखाओं का चुनाव करें जिनकी उम्र दस–बारह माह ही हो। अधिक पुरानी शाखा नहीं होनी चाहिए।

3. आँख लगी शाखा और अन्य शाखा जिस पर आँख बाँधी जानी हैं–दोनों लगभग समान मोटाई की होनी चाहिए।

4. आँख बाँधने वाली शाखा तोड़कर उसके डंठल के पास से कैंची द्वारा काट लेवें। आँख वाली डाली को पन्द्रह–बीस दिनों तक सुरक्षित रखनी हो तो उसके कटे हुए भाग पर भीगा बुरादा लगाकर, तैलिया कागज को लपेट उस पर रबर या मोमियाँ कपड़ा लपेटें। इसी पर सादा कपड़ा बाँध देवे। अब इन्हें पीपों या बाल्टियों में रख देना चाहिए।

5. शाखा के लगभग 6 या 7 इंच ऊपर आँख बाँधनी चाहिए। अधिक ऊपर लगाई आँख अच्छी नहीं फूटती। इसी प्रकार अधिक नीचे लगाई आँख भी अच्छी नहीं फूटती है क्योंकि नीचाई के कारण उस तक सिंचाई का पानी पहुँच सकता है जिससे वृक्षों को हानि हो सकती है।

6. यौं तो साल में कभी भी आँख बाँधी जा सकती हैं किन्तु वर्षा ऋतु के प्रारम्भ से शीत ऋतु के अंत तक का समय उपयुक्त माना जाता है।

7. आँख बाँधने के लिए तेजधार के चाकू से शाखा में दो इन्च का लगभग सीधा ऊपर से नीचे चीरा लगाकर उसके ऊपर या नीचे आड़ा चीरा लगा कर अंग्रेजी के अक्षर (T) या उल्टा टी की तरह बना लेते हैं। चीरा बाह्य छाल तक ही सीमित रहना चाहिए। अन्तरछाल को खरोचं नहीं लगने देवें।

8. अब आँखवाली डाली (शाखा) को चीरा लगे वाले स्थान से मिला देवें।

9. चीरें वाले भाग को किसी कोमल घास से या तार से बाँध दिया जाय। ताकि उसमें पानी नहीं पहुँच सके।

10. जब आँख से प्रस्फुटिक नवांकुर (पीकें) लगभग 2'' की हो जाय तो बाँधे

हुए स्थान के तीन या चार इंच ऊपर की फुनगी की तोड़ लेवें। तोड़े हुए स्थान पर हींग का घोल देना चाहिए।

11. आँख बाँधने के सात आठ महिनों बाद पौधों को जहाँ स्थायी रूप से लगाना हो वहाँ स्थानिन्तरित कर देवे।

12. पौधे की स्थानान्तरित करने समय इसे भूमि से निकालते ही इसकी जड़ों की आस पास की मिट्टी को झाड़ कर साफ कर लेवे–जड़ों को सूखी घास लपेट कर उस पर कपड़ा बाँध देवें।

3. दाब द्वारा कलम लगाना (Layaring)–ईसा के 500 वर्ष पूर्व भारत के कृषकों को इस विधि की जानकारी के सूत्र मिले हैं। इन दिनों इस विधि का प्रयोग बहुत कम देखा जाता है। इसमें नीचे झुकी हुई किसी डाली को अधिक झुकाकर नीचे की तरफ चीरा लगाकर छाल हटा दी जाती है। उस छिले हुए भाग को जमीन में या गमलों में दबा दिया जाता है। वह यों ही दबी रहे इसके लिए उस पर उचित वजन का पत्थर रख दिया जाता है। दबे हुए स्थान से शाखा से जड़ें फूट निकलती हैं। अब मिट्टी को हटाकर टहनी को काटकर जहाँ प्रतिरोपित करनी हो वहाँ कर दी 2 जानी चाहिए। इसे दाब द्वारा कलम तैयार करना कहा जाता है दाब कलमें अनेक प्रकार से तैयार की जाती हैं, जैसे–भूमिगत दाब द्वारा, नोंक दाब द्वारा खाई दाब द्वारा, वलय दाब द्वारा आदि।

4. गुटी कलम लगाना–इसे वायवीय दाब भी कहते हैं। इसके लिए 3–4 फीट लम्बी व आधा इन्च मोटी शाखा की आँख के नीचे की तरफ डेढ़–दो इंच तक की बाह्य छाल को सावधानीपूर्वक बाहर निकालकर उस छिले हुए स्थान पर ताजा गोबर व मिट्टी मिलाकर आटे की तरह गोंदकर लपेट लेते हैं। उस गोबर–मिट्टी की लपेटन पर टाट का टुकड़ा गीला कर लपेट लेवें। इसे बराबर सीमी मिलती रहे इसके लिए ठीक ऊगर, एक मटकी लटका दी जानी चाहिए, जिसके नीचे छेदकर उसे छेद में कपड़े की बत्ती बनाकर इस तरह लगा दी जाती है कि मटकी पानी से भर देने पर एक–एक बूंद पानी टपकता रहे। ठीक उसी प्रकार जिस प्रकार शिवलिंग पर जलेरी लगाई जाती हैं। कुछ दिनों बाद जडें फूट निकलती हैं तो जलेरी (मटकी) हटा ली जाती हैं। बँधा हुआ टाट भी हटाकर गोबर–मिट्टी–का लेप भी हटा देना चाहिए। उस स्थान से शाखा को तेजधार के चाकू से काटकर अन्यत्र जहाँ प्रतिरोपित करना हो, कर देना चाहिए।

(कलमों द्वारा तैयार किए गए पौधों से लाभ)

1. कम समय में अनेकों पौधे तैयार किए जा सकते हैं।
2. तैयार पौधे पैतृक गुणों से सम्पन्न होते हैं।

3. पौधे छोटे व कम विस्तार वाले होते हैं।
4. फल भी अपेक्षाकृत शीघ्र प्राप्त किए जा सकते हैं।

(पौध पुनरोपण हेतु गड्ढ़े तैयार करना)

भूमि में कम से कम दो फुट लम्बा, दो फुट चौड़ा और दो ही फुट गहरा गड्ढ़ा खोदा जाना चाहिए। गड्ढ़े से मिट्टी बाहर निकाल लेवें। उस मिट्टी की जगह गोबर की खाद व जीवाणु खाद मिलाकर गड्ढ़े में भर देवें। यदि उदाई (दीमक) का भय हो तो गड्ढ़े की दीवारों पर दीमक रोधी कोई सा घोल छिड़क देना उचित रहता हैं। खाद तैयार करने में अनुभवी कृषक की सलाह लेनी ठीक रहती है। गड्ढ़े को वर्षा ऋतु तक यों ही पड़ा रहने देवें। वर्षा होते ही इन गड्ढ़े में नींबू का रोप लगा देना चाहिए।

पौधा–रोपण के समय उसकी जड़ की लपेटन को (चाहे कपड़ा हो या प्लास्टिक) हटा देनी चाहिए। यहाँ यह ध्यान रखा जाय कि जड़ों पर लिपटी मिट्टी को नहीं हटावें। मिट्टी समेत ही पौधे को गड्ढ़े में प्रतिरोपित कर देवें, ऊपर से हल्की सिंचाई कर देवें।

याद रहे–इन नवरोपित झाड़ों को कुछ दिनों तक सहारे की जरूरत होती है अतः एक सूखी लकड़ी (दो तीन फुट लम्बी) लेकर गड्ढ़े में ही खड़ी कर देवें व पौधों से कपड़े की लीरी से हल्की बाँध देवें।

नीम्बू–औषधीय उपयोग

प्रकृति ने सचमुच ही हमें नीम्बू के रूप में एक पर्यावरणीय वेद्य ही दिया है। यह प्रकृति की मानव मात्र पर अनुपम अनुकम्पा है। किसी ने उचित ही कहा हैं–"नीम्बू घर में हमारा सेवक हैं, समाज के लिए उच्चकोटि का वैद्य है और समूचे राष्ट्र के लिए बहुत बड़ा वैज्ञानिक।"

शास्त्र बताते हैं कि 200 ई. पूर्व चरवाहे व कबीलों वाले नीम्बू का प्रयोग करते थे–औषधीय भी और तान्त्रिक भी।

यह निस्सन्देह कहा जा सकता है कि सम्पूर्ण विश्व में एक भारत देश (आर्याव्रत) ही ऐसा देश रहा है जहाँ सर्वप्रथम आयुवेदाचार्यों ने इसके औषधीय महत्त्व को समझा।

स्काटलैण्ड के डाक्टर जेम्स लिंड ने लिखा है। **यदि किसी स्वस्थ व्यक्ति को चालीस दिनों तक बराबर कच्ची सब्जी पर रखा जाय तथा फलों से वंचित रखा जाय तो उसमें असाध्य रक्तविकार उत्पन्न जाएंगे, उनके**

निवारण हेतु पृथ्वी पर यदि कोई एक औषधि है तो वह हैं–नीम्बू

नीम्बू के फल में एक विलक्षण गुण अनुकूलन का हैं। ज्यों–ज्यों ऋतुएं बदलती हैं नीम्बू भी तद्नुसार अपने गुणों में परिवर्तन करता रहता है। ऋतु अनुकूलन का यह गुण विलक्षण है–जो बिरला ही फलों में देखने को मिलता है। यह जिस पदार्थ के साथ सम्मिश्रित होता है–उसी के गुणों में कई प्रतिशत की वृद्धि कर देता हैं।

इसके रस से **"साइट्रिक–एसिड," डिस्टलाईशन** करने से एक विशेष प्रकार का तेल प्राप्त होता है, उस तेल में सिंट्राल लिमोनिन, लिनालुल, टर्मीनोल और सायमीन आदि रसायनिक द्रव होते हैं–जिनसे अनेकों, औषधियाँ सौंदर्य प्रसाधन, खाद्य पदार्थ व पेय आदि बनाए जाते हैं।

रस से ही नहीं छिलकों और पत्तों से भी तेल प्राप्त होता है। यहाँ तक कि बीजों से भी तेल निकलता है–जो कड़ुवा होता हैं। तेल निकलने के बाद बचे तत्वों (कचरे) की "खली" बनती है जो पशुओं के लिए उत्तम आहार होता हैं। यह अवशिष्ट पदार्थ उत्तम खाद भी होता है।

नीम्बू के छिलके व नीरस गूदे प्लास्टिक उद्योगों में भी उपयोगी सिद्ध हुए हैं। नीम्बू के पौधों के सभी अंग–जड़, फूल, बीज, तना अपना महत्व रखते हैं।

नीम्बूकमम्लं वातघ्नं दीपनं पाचन लघु।

(भाव प्रकाश)

अर्थात नीम्बू का अम्ल वातघ्न (वात नाशक,) हल्का दीपन पाचन गुण युक्त होता है।

निम्बुककृमिसमूह नाशन
तिक्ष्णमम्लमुदरश्रमापहम।
वात पित्त कफ शुलिने हितं
कष्ट नष्ट रूचि रोचनं परम।

(भाव प्रकाष)

अर्थात नीम्बू तीक्ष्ण कृमि नाशक है, उदररोग नाशक है। श्रमहारी, वात, पित्त, कफ और शूल उद्धारक हैं।]

नींबू में कार्बोहाइड्रेट, प्रोटीन, वसा, लवण, गंधक, आयोडिन के अतिरिक्त विटामिन 'ए' (6%) विटामिन 'बी' (10%) तथा विटामिन 'सी' (63%) उपलब्ध है।

विटामिन "सी" यह प्रमुख स्त्रोत है। यह एक शक्तिशाली एन्टीओक्सीडेन्ट है। प्रायः 100 ग्राम नींबू रस में 600 मिलीग्राम विटामिन 'सी' उपलब्ध है विटामिन कोशिकाओं और उत्तकों की आकृति बनाए रखने में सहायक हैं तथा क्षतिग्रस्त

कोशिकाओं का पुनः निर्माण भी करता है। भारतीय ऋषियों ने जैसे चरक, चाणण, आंतत्र, कार्तिक आदि ने नींबू को रक्त, हड्डियों, हृदय रोगों आदि में उपयोगी बताया हैं।

नींबू एक ऐसा सार्वजनिक औषधीय फल है जिसका प्रयोग चिकित्सक ही नहीं करते सामान्य जन नितप्रति बिना हिचक व संकोच के करते आए हैं।

आत्रेम संहिता में इसके बारे में लिखा हैं–

त्रिदोषस धोज्वर पीडितानां
दोषश्रितानां च श्रवज्जलानाम।
मलग्रहे बद्ध गुदे हितं च
विषूचिकायां मुनियों वदान्ति।

आत्रेय संहिता

अर्थात नीम्बू , वात, पित्त, कफ अन्य दोषों (त्रिदोषों) नाशक

ज्वर–सही पके नीम्बू को मध्य से काटकर दो हिस्से में कर दिया जाय। इन अर्ध भागों के गुदों में पाए गये बीजों को निकालकर गूदे पर भुहनी हुई फिटकरी, सेंधा नमक, कलीमीर्च का चूर्ण बुरककर रस चूसने से ज्वर का प्रकोप मिटता है।

❖ यदि आधे कटे नींबू पर 3 चूर्ण बुरककर गर्म करके चूसे तो अधिक लाभ होता है क्योंकि नींबू रस के साथ छिलके का अर्क भी गर्म होने से मिल जाता है।

❖ ज्वर में प्यास का प्रकोप हो तो उबलते पानी में नींबू निचौड़कर इच्छानुसार पिलाते रहें। एक कप गर्म पानी में दो चम्मच नींबू का रस मिलावें।

❖ दो नीम्बू काटकर 250 ग्राम पानी में छिलकों समेत डालकर उबालें। जब पानी आधा रह जाए तो उतारकर छान लेवें। इसमें दो ग्राम सेंधा नमक सेककर घोल लेवें। हल्का भोजन करें। ज्वर का प्रकोप दूर हो जाता है

❖ सर्दी, जुखाम के साथ ज्वर हो तो नींबू के रस में शहद मिलाकर चाटने से आराम मिलता है। तीव्र जुखाम हो तो एक नींबू मोटे कपड़े में लपेटकर ऊपर से मिट्टी का लेप करके गर्म राख में रखकर सेकें। सिंकने के बाद निकालकर काटकर गर्म–गर्म चूसने से शीघ्र आराम मिलता हैं।

● **सावधानी**–यदि खाँसी हो तो वैद्य से पूछकर नींबू का प्रयोग करे खाँसी में खटाई वर्जित है।

मलेरिया–मलेरिया एक परजीवी (कीटाणु) द्वारा फैलने वाला रोग है जो मनुष्य की लाल रक्त कोशिकाओं (आर. बी. सी) में विकसित होता है, मादा एनाफिलीज जाति के संक्रमित मच्छर जब एक मलेरिया के रोगी का खून चूसकर किसी अन्य स्वस्थ मनुष्य को काटता है तो वह परजीवी उस स्वस्थ मनुष्य के रक्त

में प्रवेश कर जाते हैं एवं उसे भी ठण्ड लगकर बुखार आने लगता है। यह कई प्रकार होता है। लापरवाही जानलेवा हो सकती है।

उपचार दो नींबूओं को बीच से काटकर मिट्टी के पात्र में 500 ग्राम पानी के साथ छिलकों समेत उबालें। जब पानी 250 ग्राम के लगभग अर्थात् आधा रह जाय उतारकर रख देवें, 8–10 घण्टे ढँका रहने दे। बाद में उस पानी को मलेरिया से पीड़ित व्यक्ति को उसकी रुचि अनुसार पिलाते रहें। इससे सर्दी लगाकर आने वाले ज्वर से मुक्ति मिलती है। दो–तीन दिन यह प्रयोग चलने देवे चाहे तो रुचिनुसार शक्कर मिला सकते हैं। मलेरिया में उल्टी आती हो तो या उल्टियाँ होती हो तो नींबू में नमक भरकर चूसने से बन्द हो जाएगी।

इन्फलुऐन्जा–यह खतरनाक रोग है। इसमें सम्पूर्ण शरीर टूटने लगता है साथ ही जुकाम का तथा ज्वर का प्रकोप भी होता है। यह संक्रामक रोग है। पानी में शहद मिलाकर बार–बार पिलाते रहना चाहिए।

दस्तें–एक गिलास दूध में एक नीम्बू का रस मिलाकर दिन में चार–पाँच बार पीते रहे। दूध गर्म करके ठण्डा किया हुआ हो। दस्त में आँव आती हो तो वैद्य से पूछना चाहिए।

उल्टी–उल्टियाँ हो तो नीम्बू को गर्म नहीं करना चाहिए। आधे नीम्बू पर शक्कर या सेंधा नमक भुरककर ठण्ड़ा ही चूसें।

हिचकी–आधे नीम्बू का रस आधा चम्मच शहद, काला नमक का चूर्ण मिलाकर चाटने से हिचकी आना बन्द हो जाता है।

भूख न लगना–नीम्बू, अदरक और हरे धनिये व शक्कर मिलाकर मीठी चटनी बनाकर खाने से भुख खुल जाती है।

अजीर्ण, खट्टी डकारें पाचन तंत्र के हर विकार में गैस, में, पेट फूलने में नीम्बू व अदरक का रस तथा सैंधा नमक का शर्बत बनाकर पीवें।

बालों का झड़ना–बालों का झड़ना भी एक रोग है जिसे समय पर नहीं रोका गया तो गंजे होने का भय रहता हैं। इस रोग का कुप्रभाव नेत्र ज्योति और स्मरण शक्ति पर पड़ता है।

नीम्बू के रस में आँवले का चूर्ण मिलाकर लेप तैयार कर बालों की जड़ों में मलने से बालों का झड़ना रुक जाता है। चार–पाँच मिनट तक मालिश करने के बाद 10 मिनिट बाद कभी भी ठण्डे पानी से बालों को धो लेवें। यह क्रिया 10–15 दिनों तक निरन्तर करें।

सिर को मुण्डवाकर नींबू का ताजा रस या छिलके सिर पर 10–15 दिनों तक दिन में दो बार रगड़ें।

बाल काले करने हो तो नीम्बू–रस में आँवले का चूर्ण मिलाकर सफेद होते हुए बालों पर लेप करके एक घण्टे बाद पानी से धो लेवें। आठ–दस दिनों में ही असमय सफेद होते बाल पुनः काले होने लगेगें।

खुजली–

➢ नींबू का रस नारियल के तेल में मिलाकर शरीर की मालिश करने से खुजली मिटती है।

➢ गर्म पानी में नींबू निचोड़कर नहाने से भी खुजली ठीक होती है।

➢ खुजली के साथ दानें होवे तो नीम्बू का रस व फिटकरी का चूर्ण गर्म करके लगाने से आराम होता हैं।

बवासीर–

➢ नींबू के रस में जैतून का तेल सममिट में मिला लेवें। इसमें थोड़ी सी ग्लिसरीन मिलाकर बवासीर पर मलें, दर्द में आराम होता है, धीरे–धीरे मस्से छोटे होकर मिट जाते है। भोजन हल्का करे, नींबू–पानी पीते रहें।

➢ बवासीर से रक्त गिरता हो तो गर्म दूध में आधा नींबू निचोड़कर दिन में तीन बार पीवें।

➢ नींबू को काटकर गूदे के साथ कत्थे का चूर्ण भुरककर छत पर खुले में एसे रखे कि उस पर ओस गिरने में बाधा नहीं हो। प्रातः चूस लेवे। याद रखे खाली पेट नहीं चूसें।

नशामुक्ति–भांग, अफीम हो या शराब; नशे की लत जीवन को नरक बना देती है इसका प्रभाव नाड़ी तन्त्र पर पड़ता है। नशे से मुक्ति हेतु नींबू रस के बराबर सस्ता, सरल और सहज साधन कोई नहीं हैं। गुनगुने पानी में नीम्बू का रस व शहद या शक्कर मिलाकर सायं भोजन से एक घण्टे पूर्व पीवें।

हृदय रोग, मोटापा, ब्लडप्रेशर–यह रोग इस युग का आहारजन्य रईसी का उपहार हैं। एक गिलास पानी में आधा नींबू निचौड़कर रुचिनुसार शहद मिलाकर प्रातः व सायं पीवें। वजन कम करने की इससे सरल कोई औषधि नहीं है। निम्न रक्तचाप के लिए भी शर्बत बहुत लाभकारी है। शहद नहीं मिलाना चाहें तो नमक मिलावें। गर्म पानी स्वयं एक औषधि हैं। ऊर्जा का ह्रास होता ही है उसकी पूर्ति गर्म पानी से की जा सकती है। पानी पंचतत्वों का एक प्रमुख घटक हैं। यदि नीम्बू रस इसके साथ मिल जाय तो यह अमृतपेय बन जाता है इससे श्रमजनित थकान दूर होती हैं। शिथिल उत्तकों में शक्ति उत्तकों में शक्ति संचार होता हैं। रक्त शोधन होता हैं। लाल कणों को सशक्त करता है। पानी मात्र पीने से सूखी खाँसी नियंत्रित होती हैं। इसके साथ नींबू का रस मिल जाय तो यह

अमृत पेय बन जाता है। शहद मिलाकर बार–बार पिलाते रहना चाहिए।

सर्प–विष–

❖ तीन कागजी नींबूओं का रस, शुद्ध जमालघोटा और काली मिर्च सभी सात–सात माशा घोटकर उड़द के दाने जितनी गोलियाँ बना लेवें। साँप के काटे व्यक्ति को तीन गोलियाँ पानी के साथ पिला देवें या पीसकर चूर्ण करके चम्मच से पिला देवें। जल की तरह आँखों में लगा देवें।

❖ नींबू के बीज 8–9 माशा खिलाने से भी सर्प विष उतर सकता है।

क्षय और ह्रदय रोग– इन रोगों में यह सुनिश्चित किया जाना चाहिए कि सही दवाई सही व निश्चित मात्रा में निश्चित समय और पूरी अवधि तक सेवन की जाय तो रोगी रोगमुक्त हो सकते हैं। इलाज बीच में छोड़ने से दवाओं का असर जाता रहता है और रोग लाइलाज व जानलेवा हो जाता है।

बीजोरा नींबू के रस में छोटी पीपल चूर्ण और मक्खन मिलाकर प्रतिदिन चाटने से फेफड़े व ह्रदय को शक्ति मिलती है।

क्षय रोगी को 11 पत्ते तुलसी, नमक, जीरा, हींग एक गिलास गर्म पानी में 25 ग्राम नींबू रस मिलाकर प्रतिदिन तीन बार देवें।–**स्वामी साधनानंद**

मूत्र–बाधा–मूत्र रूककर आवें तो नींबू के के बीजों की पीसकर नाभि पर रखकर ठण्डा पानी डाले। मूत्र साफ आने लगता हैं।

मूत्राशय में जलन या रक्त स्त्राव–यदि आमाशय की गरमी आदि से मूत्राशय में रक्तस्त्राव की आशंका हो तो नींबू का रस ठण्डे पानी के साथ दिन में दो–तीन बार लेवें।

हैजा–हैजा होने पर गर्म पानी में नींबू–रस व नमक मिलाकर रोगी को पिलावें। सम्भव है इसमें रोगी को उल्टी होवे। चिन्ता नहीं करें फिर पिलावें। जब तक उल्टियाँ बन्द न हो जाय बार–बार पिलाते रहें। यह रोग गर्मियों में हुआ करता है।

दाद–दाद वाली जगह पर हल्दी रगड़कर नीम्बू का रस मलने से दाद मिट जाता है। यह क्रिया दो–तीन दिनों तक दिन में तीन बार करें।

मोतियाबिन्द (Cataract)–अदरक का रस 1 तोला, नींबू का रस 1 तोला, सफेद प्याज का रस 1 तोला, पुराना शहद 8 तोला, गुलाब जल 12 तोला, इन सभी को ठीक से मिलाकर काँच की स्वच्छ शीशी में रख देवें। एक बूँद सुबह, एक बूँद सायं दोनों समय निरन्तर आँखों में डालते रहें। मोतियाबिन्द हट जाता हैं।

दन्त रोग–पायरिया में नींबू का रस और शहद मिलाकर हल्के हल्के मसूड़ों पर रोज दिन में दो बार हल्के–हल्के मलने से मसूड़ों से रक्त व पीप निकलना

बंद हो जाती हैं। मसूड़े मजबूत हो जाते हैं। मसूड़े मजबूत होते हैं तो दाँत भी मजबूत हो जाते हैं।

● **बीजपूरक मूलस्य वाकुचीनामथेव च।**
भागाश्यान्तु सम कृत्वा पिष्ठा वतिन्तु कारबेल।
एषा रहस्य वर्तिस्तु दन्नैर्दन्नै निपीडयेन।
सद्योवस्थित मात्रासु कृमि दन्न रूजापहा (बंगसेन दन्तरोग)

● नींबू और बाकुची की जड़ पीसकर बत्ती बना लेवें। दाँतों के खोखले स्थान में बती को भर देने से दन्त रोग नष्ट होता है।

● एक नींबू के चार टुकड़े कर लेवें। चारों टुकड़ों पर साधारण नमक डालकर गर्म कर लवे। इन्हें दुखते दाँत पर रखकर धीमे–धीमे दबाते रहे।

● नींबू के गुनगुने पानी से गरारे/कुल्ले करें।

● नींबू दन्त मंजन–नीम्बू के छिलकों को छाया में सुखाकर पीस लेवें उसमें नमक डालकर दातुन करे।

● नींबू के छिलकों से दाँत मले; दाँत साफ स्वच्छ चमकने लगेगे।

सर्प दंश–साँप–बिच्छू के काटने पर रस का फोया रस में भिगोकर रख देने से विष आगे नहीं बढ़ता।

नाखून–रोग–नाखूनों का बढ़ना रुक जाय या टेडे–मेडे गठिले हो जाय तो हाथों पाँवों को कुरूप कर देते हैं।

● नींबू युक्त गर्म पानी में अँगुलियों को पाँच मिनट तक रखें फिर तुरन्त ही ठण्डे पानी में रखें। नाखूनों का पुनः बढ़ना शुरू हो जाएगा।

● नाखून पर अँगुलियों के अग्रभाग पर नींबू का छिलका प्रतिदिन दो–तीन बार दो–दो मिनट तक रगड़ने से नाखूनों का टेड़ापन मिट जाता है तथा नाखून सुन्दर चमकदार हो जाएंगे।

संग्रहणी–नींबू को काटकर उसके गूदे में मूंग के दाने बराबर अफीम डालकर गर्म करके कुछ दिन चूसते रहने से सग्रहणी मिट जाती है।

उदर कृमि–बच्चों को उदरकृमि कमजोर कर देते हैं। ऐसे में नींबू के चार–पाँच बीजों को पीसकर पानी के साथ पिलावें। भूखे पेट नींबू नहीं पिलावे। 12 वर्ष से बड़ा हो तो बीज, 4 से 12 वर्ष तक 6 बीज व 4 वर्ष तक के बालक–बालिकाओं को 4 बीजों की एक खुराक मानकर देवें।

कपड़ों के धब्बे–कपड़ों पर धब्बे लग गए हो तो नींबू का रस रगड़ने से छूट जाते हैं।

मसूरिका (माता के दाने)–

जम्बीर नीरपरिपीत सगुड नराणामः
आरम्भकाल स्मयेषु मसूरिकार्तिम
(वैद्य मनोरमा)

जम्बीरी नींबू रस और गुड़ मिलाकर पिलाने से मसूरिका (माता) के दाने शीघ्र निकल आते है। ज्वर उग्र रूप धारण नहीं करता।

सावधान–

● पैर के जोड़ों का दर्द हो या गले में टोन्सिल्स हो या पेट में अल्सर हो तो ऐसे व्यक्ति को नीम्बू नहीं देना चाहिए।

● नीम्बू को चूसते समय या रस का प्रयोग करते समय बीजों को निकाल फेंकें ये हानिप्रद होते हैं। एपेन्डिसाइटिस आदि रोग होने का भय हैं–कबड़ कागजी नींबू के एक बीज के एक बीज जो खेहे बेदराज हसि घर से चात है मोत सरगते धैड़े।

स्त्री रोगों में नींबू

कोमल व चमकदार त्वचा–के लिए नींबू का रस सम भाग बरतन में ग्लिसरीन मिलाकर चेहरे व हाथों पर मलने से अंगों की त्वचा कोमल होती है व निखार आता है। तीन–चार मिनट बाद गुनगुने पानी से धो देवें।

● हाथ–पैर व गाल सर्दी में फटने लगते हैं तब नींबू के रस को खोपरे के तेल में मिलाकर लगावें।

कुच स्तन दौर्बल्य–नारी का सौन्दर्य कुचों स्तनों में ही समायोजित है। कुच कई कारणों सो ढीले पड़कर लटकने लगते हैं ऐसी स्थिति में नींबू के पत्तों का रस चार तोला के करीब निचोड़ लेवें उसमें बच खुरासानी व नागोरी असगन्ध और पीपर में तीनों तीन–तीन तोला भैंस के मक्खन में मिलाकर क्रीम की तरह का लेप बना लेवें इस क्रीम को कम से कम 21 दिनों तक उरोजों पर लगावें। तीन–चार घण्टों बाद ठण्डे नींबू पानी से धो लेवें उरोजों में कठोरता आ जाएंगी।

गर्भाशय शुद्धि–नींबू के बीज और सेमर की सम मात्रा में पीस, छान–कर, रजस्वला होने के चार दिनों तक पीवें

गर्भाधान–

1. बीजोरा नींबू और अरंड का एक–एक बीज घी में पीसकर सेवन करते रहें, गर्भाधान सम्भव है।

2. बीजोरा नींबू की जड़, घी में घिसकर चाटने से भी गर्भाधान सम्भव है।

बन्ध्यापन–नींबू की जड़, शिवलिंग (पंचगुरियां), असगंध, नागकेसर, मोरशिखा

की जड़ें, ढाक का पत्ता इन सबको सम भाग में लेकर घी के दूध में लेने से बन्धया स्त्री के संतान सम्भव है।

सरल प्रसव—गर्भाधान के चौथे माह से यदि नीम्बू का शरबत नित्य सेवन करें तो प्रसव के समय कष्ट नहीं होता।

हिस्टीरिया—गर्म पानी में नीम्बू, नमक, जीरा, भुनी हुई हींग, और पोदीना मिलाकर एक माह तक निरन्तर पीने से हिस्टीरिया से मुक्ति मिल सकती है।

अन्य सामान्य उपयोग—उत्पाद

नींबू की चाय (लेमन टी)—सर्दियों में नींबू की चाय भी बनाई जा सकती है। गर्म पानी शक्कर, चाय, अदरक एक चम्मच नींबू का रस अदरक, थोड़ी सी दालचीनी जिस प्रकार चाय को उबालते हैं, उसी प्रकार उबाल लेवें। केवल दूध नहीं डालते हैं। इसे लेमन टी भी कहते हैं। सर्दी, जुखाम, नजला, खाँसी, सामान्य बुखार शरीर को जकड़न, कब्ज आदि में आराम दिलाती हैं।

नींबू कल्प—आधा गिलास नारंगी का रस, आधा गिलास नीम्बू का रस, एक चम्मच शहद मिलाकर प्रातः एक गिलास पीवें। दूसरे दिन नींबू मात्रा चौगुनी (चार बार) पाँचवें दिन पाँच गुनी (पाँच बार) सेवन किया जाए।

इसी क्रम को विपरीत करें। छठे दिन फिर चार गुना। चार बार सातवें दिन, तीन गुना (तीन बार) आठवें दिन, दो गुना (दो बार) नौवें दिन एक खुराक पहले दिन वाली।

यह नीम्बू कल्प रक्त विकार को ही नहीं अनेकों रोगों को जड़ से नष्ट कर देता है। उसका प्रयोग कब, किस ऋतु में कैसे करें तदर्थ किसी वेद से परामर्श करना चाहिए। अन्य घरेलू उत्पाद

अवलेह—अवलैह बनाने के लिए ताजा फलों को चुनकर उनके छिलके उतारकर पेक्टिन प्राप्त कर लिया जाता है। फलों की कोशिकाओं में पेक्टिन अलग करने के लिए नींबू को टुकड़े में काटकर किसी स्टील की भोगोनी में रखकर इतना पानी डालते हैं कि टुकड़े डूब जाय। तब धीमी आँच पर एक निश्चित अवधि तक पकाया जाता है। अधिक पकाने पर पेक्टिन की मात्रा में कमी आ जाती है। इसमें पेक्टिन 0.5 प्रतिशत, शर्करा 68 प्रतिशत तथा साइट्रिक अम्ल 0.4 से 0.6 प्रतिशत होना चाहिए। अवलेह अल्प पारदर्शक गाढ़ा पदार्थ होता है। यह बराबर की तरह सा होता है।

पानक—छिलके व बीजों को अलग निकालकर रस निकालकर छान लेते हैं। रस की समान मात्रा में चीनी लेते हैं। चीनी की आधी मात्रा में पानी भी मिलाया जाता है। तब चीनी और पानी को मद आँच में गर्म करते हैं। चीनी साफ करने

के लिए 3 या 4 ग्राम साइट्रिक अम्ल मिलाकर उबालकर छान लिया जाता है। यह चीनी का शर्बत अब फल के रस में मिला लेते हैं। पानक में रस की मात्रा 25 प्रतिशत तक अवश्य ही रखी जाती है। इसमें खुशबू नहीं मिलाई जाती।

शर्बत—नींबू का रस 1 किग्रा., शक्कर 1 किलो 500 ग्राम, पानी 400 मिली लीटर साइट्रिक अम्ल 8 ग्राम, सोडियम बेजाएट मात्राक्षर, वांछित रंग। रस के अनुसार चीनी की मात्रा वांछित पानी मिलाकर उबालकर छान लेते हैं। तब अम्ल मिला देते हैं। अब उस चीनी के तैयार किए गए रस में नींबू का रस मिलाकर 105 से. ग्रे. तापमान पर उबालकर ठण्डा कर काँच की बोतल में भी लिया जाता है। अपनी पसंद की खुशबू मिला दी जाती हैं, जैसे—गुलाब, खस आदि।

नींबू का आचार—नींबू को 4—4 टुकड़ो में छिलकों समेत काटकर उन पर हल्दी, नमक भुरककर 3—4 दिन रखें रहने देते हैं। टुकड़े इस तरह से करें कि अलग नहीं होवें मिले रहने हैं बीच—बीच में हिलाते रहना चाहिए। जब नींबू के छिलके गल जाएं तब नमक, काला नमक, जीरा, काली मिर्च का चूर्ण, हल्दी मिलाकर ठण्डे शुष्क स्थान पर रख देवें।

सफेद मूसली

सफेद मूसली सचमुच में किसानों की आर्थिक स्थिति को तेजी से ऊपर उठाने वाली जादूई फसल है। अल्लादीन का चिराग है। इसकी फसल नौ माह में एक एकड़ भूमि में तीन—चार लाख रुपयों तक की आय दे सकने में समर्थ है। सम्पूर्ण विश्व में इसकी मांग निरन्तर बढ़ रही है। स्वास्थ्यवर्धक, सौन्दर्यवर्धक, शक्तिवर्धक औषधियों की बढ़ती मांग में सफेद मूसली का नाम सबसे ऊपर है।

यह आर्द्र ज़लवायु क्षेत्र की फसल है। हिमाचल प्रदेश, उत्तरांचल, जम्मू—कश्मीर व इसके ऊपरी शीतप्रदेशों को छोड़कर समस्त भारत में इसका कमाधिक उत्पादन होता है।

यह एक ऐसी दिव्य वनौषधि है, जो मानव की शारीरिक कमजोरी को दूर करने की अद्‌भुत क्षमता रखती है। चाहे वह शिशु की उम्र वृद्धि सम्बन्धित कमजोरी हो या युवाओं की गुप्त रोगों से सम्बंधित क्षीणता या फिर वृद्धावस्था की शारीरिक व मानसिक कमजोरी अथवा स्त्री की प्रसवोपरान्त कमजोरी हो, सभी के लिए यह 'रामबाण' है। सैकडों वर्षों से मान्यता प्राप्त है। जिस प्रकार सफेद मूसली मानव मात्र के लिए उपयोगी है उसी प्रकार यह पशुओं की बीमारियों में भी उतना ही महत्व रखती है। इसीलिए यह महंगी रही है। आज भी बाजार भाव राजस्थान में 2200 रुपया किलो तक है। अन्तर्राष्ट्रीय स्तर पर इसकी माँग 35.000 टन वार्षिक आंकी गई है जबकि इसका उत्पादन अनुमानतः 5000 टन ही है।

नाम वैविध्य

भाषा / क्षेत्र	नाम
हिन्दी	सफेद मूसली
संस्कृत	श्वेत मूसली
ब्रज, अवधि	खेरूथा
राजस्थानी	धोली मूसली
गुजराती	धोली मूसली
तेलगू	सलमा गड्डा
तमिल	तानिर वितोंग
अरबी	शकाकुले
अंग्रेजी	क्लोरोफाइटम–बारेकीलिएनम
वानस्पतिक वर्ग	लिमी (लिलिमी)

(अ) रासायनिक संरचना–

कार्बोहाइड्रेटस	42%
प्रोटीन्स	.09%
सपोनिन्स	4 से 9%
एल्कोलाइड	25%
खनिज लवण	7 से 15%

इनके अतिरिक्त इसमें–स्टरयोरटस, अमीनो अम्ल, ग्लूकोसाइडस, इत्यादि भी विभिन्न मात्राओं में हैं। साथ ही विटामिन A,B,C,D आदि हैं।

(ब) वानस्पतिक संरचना (पौधा, बीज, पत्ते व फूल)

पौधा–यह पौधा, जमीकन्द श्रेणी में गिना जाता है जिसका फल भूमि में जड़कन्द अर्थात् मूंगफली, हल्दी, अदरक, अरबी की तरह पनपता है। इसके मूल गुच्छ (बंच) में 5 से 15 तक के अंगुली की तरह पतले, लम्बे कंद लगते हैं, कहीं–कहीं, कभी–कभी एक समुच्चय में मिट्टी, पानी, हवा से पुष्ट हो 24–25 की संख्या में भी पाए गए हैं। इनका आकार ठीक अंगुली की तरह लम्बा पुष्ट होता हैं।

बीज–मूली व प्याज के बीज के जैसे आकार में व काले रंग में होते हैं। इसके बीज प्राप्त करना कठिन व श्रमसाध्य है। प्रायः बीजों से सफेद मूसली की खेती नहीं की जाती। बीज से पौधा तो बन जाता है किन्तु डेढ़–दो वर्ष लम्बा समय लेता है। 75 प्रतिशत बीज उगते ही नहीं। इस कारण इसके कंद गुच्छ के संलग्न

फिंगर्स को विशेष सावधानीपूवर्क पृथक्–पृथक् करके लहसुन और प्याज की तरह बोए जाते हैं। फिंगर्स से बुवाई करने पर सात दिनों के अन्दर अंकुर निकल आते हैं। यह फसल आठ या नौ माह का समय लेती है। बुवाई से पहले फिंगर्स को पांच से दस मिनट तक ''बावस्टीन'' के घोल में अथवा गो–मूत्र में डुबाकर रखा जाना चाहिए जिससे यह रोगमुक्त हो जाते हैं। इसे बीजोपचार क्रिया कहते हैं।

प्रत्येक कंद लगभग पांच ग्राम से दस ग्राम तक वजन का हो तो फसल अच्छी गुणवत्ता वाली होती है। फिंगर्स अलग करते समय इस बात का ध्यान रखा जाना चाहिए कि गुच्छे के ऊपर ''क्राउन'' का कुछ भाग (रेशा) अवश्य साथ में लगा हुआ हो अन्यथा उगने में संशय रहता है।

पत्ते व फूल–बुवाई के लगभग सात दिनों में अंकुर निकल आता है तथा 20–25 दिनों के अन्तराल में भू–गर्भ में कंद विकसित होने लगता है तथा पौधे के लम्बे पत्ते फैल जाते हैं। पत्तों के बीच फूल आने लगते हैं। दस–पन्द्रह दिनों में पत्ते पीले पड़कर झड़ने लगते हैं। फूल कुम्हला जाते हैं व बीज स्वरूप ग्रहण कर लेते हैं। कुछ ही दिनों बाद भूमि पर फसल होने के कोई चिन्ह नहीं दिख पड़ते। अतः पशुओं द्वारा जिस प्रकार अन्य फसलें नष्ट करने का भय रहता है वैसा कोई भय नहीं रहता। पत्ते झड़ने के बाद भूगर्भ में चार–पांच माह तक पनपते रहते हैं। इन दिनों सिंचाई प्रति 10 दिनों में होनी चाहिए। फसल खोदकर निकालने का समय प्रायः अगस्त–सितम्बर होता है।

कृषिकरण का विस्तार–देश के विभिन्न भागों में, जैसे–छत्तीसगढ़, मध्यप्रदेश, आन्ध्र प्रदेश, महाराष्ट्र, राजस्थान, तमिलनाडु, केरल, बिहार, उत्तर प्रदेश, कर्नाटक, उडीसा, पंजाब, हरियाणा, गुजरात आदि प्रदेशों के अनेक भागों में विशेष मात्रा में इसकी विधिवत् खेती की जाने लगी है। वह जमाना गया जब इसे पर्वतों या वनों में पाई जाने वाली दुर्लभ जड़ी–बूटी समझा जाता था। तब इसकी पहचान वनचारी जातियां व कार्तण्य ऋषि–मुनियों के वश में थी।

व्यावसायिक उपयोग–यह दिव्य वनौषधि है। मानव के लिए प्रभावी चमत्कारी बाजीकरण औषधि रही है। इसका अन्य औषधीय उपयोग 'वात, पित्त' के शमन हेतु सौंदर्य प्रसाधनों में, खांसी, अस्थमा (श्वास), मधुमेह, मूत्र रोगों में एवं स्त्रियों के गुप्त रोगों में तथा चर्मरोगों में किया जाता है। यह पुरुष की नपुंसकता दूर करने वाली और यौन–शक्ति बढ़ाने वाली संजीवनी है। च्यवनप्राश, 303 कैप्सूल तथा वीटा एक्स के नामों से आज कौन अपरिचित है? विदेशों में इसका केलॉग्स जैसा स्त्रोथल बनाने पर अनुसंधान चल रहा है।

सम्भावनाएँ–इसके कृषिकरण के विस्तार होने की व्यापक सम्भावनाएँ हैं।

एक अनुमान के अनुसार वर्तमान में इसका कुल उत्पादन 5,000 टन प्रतिवर्ष है, जबकि इसकी मांग 35,000 टन है।

जैविक खाद–अनियंत्रित वृद्धिरत जनसंख्या को देखते हुए कृषि वैज्ञानिक किसानों को सघन खेती पद्धति अपनाने की प्रेरणा देते हैं। इस हेतु रासायनिक उर्वरकों और कीटनाशकों का अत्यधिक उपयोग करने की भयंकर भूल कर रहे हैं। हम यह क्यों भूल जाते हैं कि इससे मिट्टी की उर्वरता घट जाती है–तदर्थ गोबर का वर्मीकम्पोस्ट का उपयोग लाभदायक है–यदि सूझबूझ के साथ किया जाय। जैविक खेती में, खेत से प्राप्त अवशेषों को कम्पोस्ट बनाकर फिर से काम में लाया जा सकता है इससे खर्च कम और आय अधिक होती है।

लाभ–प्रारम्भ में चार क्विंटल प्रति एकड़ के लगभग उत्पादन का अनुमान लगाया जाय व बाजार मूल्य भी 1000/–रुपये के लगभग ही मान लिया जाय तो भी 4 क्विंटल सूखी मूसली के चार लाख रुपये तो प्राप्त होंगे ही होंगे। इसके अतिरिक्त आगामी फसल बोने के लिए 5000 से 7000 रुपये के कंद (बीज) बच जाएंगे सो अलग।

अथर्ववेद में सफेद मूसली–अथर्ववेद में भूत प्रेतों को वश में करने के लिए एवं मानसिक रोगों के उपचार में सुगंधित जड़ी–बूटियों का प्रयोग करते थे उनमें मूसली का नाम भी आया है।

चारों वेदों (ऋग्वेद, यजुर्वेद, सामवेद, अथर्ववेद) के एक–एक उपवेद हैं उनमें आयुर्वेद भी एक है उसमें जड़ी–बूटियों की चिकित्सा का वर्णन है।

1500 ई. पूर्व सिंधुघाटी की सभ्यता की खोज में हुए उत्खनन में राजस्थान के गंगानगर जिले में कालीबंगा की खुदाई में तथा गुजरात राज्य के अहमदाबाद में लोथल नामक स्थलों की खुदाई में मूसली के टुकड़े प्राप्त हुए हैं। डॉ. एस. आर. राव जी ने सिद्ध किया है कि 1500 ई. पू. द्रविड भी और आर्य भी सफेद मूसली, शिलाजीत का दीर्घ जीवन हेतु चिकित्सीय उपयोग जानते थे। वे हिरण व बारहसिंघों के सिंघों से भी उपचार करते थे। समुद्र के फैन में उनकी चिकित्सा का एक साधन था।

काली मूसली/सेमल मूसली

यों मूसली की मोटे तौर पर दो ही किस्में हैं–

1. काली मूसली (तालमूली),
2. सफेद मूसली

ये दोनों ही वन प्रान्तरों में होती रही हैं जिन्हे आदिवासी, चरवाहे आदि खोदकर निकालते रहे हैं एवं वैद्यगण इनका विभिन्न रोगों के लिए उपचारार्थ

उपयोग करते रहे हैं।

काली मूसली–सफेद मूसली और काली मूसली (तालमूली) दोनों ही जमीकंद की जाति का पौधा है। इसका मूल स्तम्भ सीधा व मांसल होता है। इसकी जोड़ों से धागों की तरह के रेशे निकलकर उपकंद बनाये जाते हैं। ये उपकंद ही औषधि है।

बाहर से देखने पर मूलत्वक काले (राख की तरह) दीखते हैं। छीलने पर भीतर का भाग कम काला अर्थात् मटमैला निकलता है। इनका स्वाद तिक्त (खारा–खट्टा) सा लगता है।

वर्षा के आते ही जिस प्रकार सैकड़ों छोटे–बड़े पौधे उग आते हैं, उसी तरह ये भी जंगलो में उग आते हैं। इसका पौधा अधिक से अधिक तीन फुट तक होता है–तब ही उखाडकर जड़ें प्राप्त कर ली जाती है।

इसकी पत्तियां केवल 5 व 6 ही आती हैं जो लम्बी होती हैं। चौड़ाई दो से ढ़ाई इन्च तथा लम्बाई अठारह इंच तक होती है जो काली आभा लिए हरी होती है। पत्तियां जल्दी ही पीली पड़कर लटक जाती हैं। इसके फूल आकर्षक पीले रंग के होते हैं। यों तो यह पौधा पूरे भारत में यत्र–तत्र–सर्वत्र प्राप्त है तथापि कुमायु से आसाम तक तथा पश्चिमी घाट तथा कोंकण प्रदेश में अधिक उपलब्ध है।

जड़ों को खोदकर निकाला जाता है। बीच में मांसल बड़ी जड़ (मूसल) और उससे अंकुरित उपकन्द एक–डेढ़ इन्च तक होते हैं। इन उपगूलों को ही पौंछकर साफ कर लिया जाता है। फिर छोटे–छोटे गोल टुकड़े काटकर धागों में पिरोकर माला बनाकर खूटियों पर टांककर सुखा दिया जाता है। धूप में सुखाने पर ये बिल्कुल सिकुड़कर छोटे हो जाते हैं। औषध गुण भी क्षीण हो जाते हैं। अतः छाया में ही सुखाये जाने चाहिए। आदिवासी जातियां इनका बहुत उपयोग करती है।

यह भी लगभग उसी उपयोग में आती है जो सफेद मूसली आती है। यह बाजीकरण, शुक्रल और बल–वीर्यवर्धक होती है। मगर सफेद मूसली से शायद कम। इसका मार्केट भी नहीं के बराबर है।

सेमल मूसली–कुछ लोग इसे सेमल मूसली भी कहते हैं किन्तु दोनों भिन्न बताई जाती है। काली मूसली विलुप्त सी हो गई है। सेमल की 1–2 वर्ष के पौधे की जड को सेमल मूसली कहते है। यह शकरकंद की तरह चूसकर भी खाई जाती है। यह भी उत्तेजक है। वीर्य संवर्धन हेतु इसे दूध के साथ लेते हैं। क्षय के रोगी को इसका अवलेह दिया जाता है।

सफेद मूसली : जातियाँ

सफेद मूसली की अब तक 255 किस्में खोजी गई है। भारत में लगभग 16–17 किस्में बताई जाती है। मुख्य रूप से इन सभी किस्मों में से 7 किस्में उल्लेखनीय हैं–

1. क्लोरोफाइटम–ब्रीवी स्केपम (Breviscapum)
2. क्लोरोफाइटम–लेक्स (Laxum)
3. क्लोरोफाइटम–अटेमयुएटम (Attemuatum)
4. क्लोरोफाइटम–कोमोसम (Comosum)
5. क्लोरोफाइटम–टयूब रीजम (Tuberosum)
6. क्लोरोफाइटम–अरूण्डीनेशियम (Arundinaceum)
7. क्लोरोफाइटम–बोरीविलिएनम (Borivillianum)

यों तो सभी किस्में अपनी–अपनी जगह उपयोगी है किन्तु हम जिस सफेद मूसली की बात कर रहे हैं वह हैं क्लोरोफाइटम बोरीविलिएनम (Borivillianum) इसका औषधीय और व्यावसायिक उपयोग सर्वाधिक है।

अन्य किस्मों की अपेक्षा इस किस्म में कुछ विशेष गुण निम्न हैं–

1. सभी फिंगर्स/ट्यूबर्स (कंदों) की लम्बाई व मोटाई लगभग समान होती है।

2. सभी कंद एक ही डिस्क या संधिस्थल से जुड़े रहते हैं जिन्हें आसानी से अलग किया जा सकता हैं।

3. इस किस्म से उपज भी अधिक बैठती है।

4. छीलने में सरलता रहती है। छिलके के साथ गूदा नहीं उतरता है।

5. बाजार भाव भी अपेक्षाकृत ऊँचा रहता है।

6. गुणवत्ता की दृष्टि से भी यह श्रेष्ठ मानी जाती है।

किसी समय जंगली मूसली की किस्म अच्छी मानी जाती थी लेकिन अब नहीं, वह छोटी होती है, ठीक से परिपक्व नहीं होती। दो माह में ही पत्ते झड़ जाते हैं तो यह जानना मुश्किल हो जाता है कि किस स्थल पर भूमि में मूसली पनप रही है? उसकी आयु कितनी है? ठीक से पकी भी है या नहीं? अतः खेतों में पैदा की जाने वाली मूसली का ही अधिक उपयोग किया जाता है। खेतों में उत्पन्न मूसली के पत्ते झड़ जाने के बाद भी यह मालूम रहता है कि कहां बोई गई है। उसे पूर्ण परिपक्व होने देकर उचित समय उखाड़ा जा सकता है।

भूमि / जलवायु / पानी

भूमि–उत्पादन उत्तम किस्म का हो, अधिक मात्रा में हो, खर्च कम आवे–इन सब बातों के लिए भूमि या खेत को फसल की प्रकृति के अनुकूल बना लेना आवश्यक होता है। जिस जमीन में फसल कतिपय कारणों से खराब हो गई हो तो उस जमीन को ही खराब कह देने से काम नहीं चलता। मिट्टी की किस्म, गर्भतल की मिट्टी का स्त्तर, पानी का ढाल आदि बातों पर भी विचार करना पड़ता है। सफेद मूसली की खेती के लिए पर्याप्त छाया, लगातार प्राकृतिक नमी, उर्वरकता, अच्छी निथार वाली भूमि–ये सब बातें होनी चाहिए। इसकी उपज के लिए चिकनी काली मिट्टी भी उपयुक्त नहीं मानी जाती है। रेतीली–दोमट मिट्टी, हल्की काली मिट्टी व हल्की लाल मिट्टी अच्छी मानी जाती है जिनमें जीवश्म की पर्याप्त मात्रा होती हो।

यों तो रेतीली मिट्टी में भी यह फसल हो जाएगी किन्तु फिंगर्स को जैसी मांसलता लेनी चाहिए नहीं लेगी। लम्बी बढ़ जाएगी, मोटाई कम रह जाएगी, जबकि मूसली की कीमत ही उसके गुदा अर्थात् पुष्टता (मोटाई) पर ही निर्भर रहती है। दोमट मिट्टी ही इसके लिए श्रेष्ठ रहती है।

खेत में पानी का भराव भी नहीं होना चाहिए। पानी रिस जाना चाहिए। सामान्य पी. एच. मान वाली भुर भुरी जमीन श्रेष्ठ रहती है। मिट्टी ऐसी हो जिसमें वायु और पानी का मुक्त संचार होता रहे, अन्यथा पौधे ठीक से नहीं पनपते, कंद पुष्ट नहीं हो पाते। यों पर्याप्त खाद देने से जैव तत्वों को बढ़ा देने से और उचित समय पर गहरी जुताई करते रहने से मटियार जमीन भी सुधारी जा सकती है। ऐसे उपयों देने से मिट्टी के कण एक–दूसरे से दूर हो जाते हैं। इसके बीच की खाली जगह में हवा व पानी भर जाता है। खुले हुए कणों वाली मिट्टी में फसल अच्छी निपजती है।

सन, मक्का व गन्ने की फसल के बाद सफेद मूसली की फसल लेने से उत्पादन श्रेष्ठ व अधिक होता है। क्योंकि इन फसलों में खाद अधिक दिया जाता है। इसके बाद बोई जाने वाली फसल को इसका लाभ मिल जाता है। यों अप्राकृतिक रूप से रासायनिक खाद, गोबर की खाद, या हड्डियों की खाद किसान के लिए महंगा पड़ती है। खाद की कमी से किसान भरपूर फसल नहीं ले पाता है। कतिपय किसान इस हेतु हरी खाद भी देते हैं। इसके लिए मार्च के अंत तक खेत में ग्वार फल, सन आदि बो दिये जाने चाहिए। जब इन फसलों पर फूल आ जाएं तो इनको काटकर उसी खेत में फैला दिए जाते हैं व उन पर रोटरीवेटर चला

दिया जाता है। इससे ये फसलें मिट्टी में ठीक से मिल जाय व हरी खाद का काम दे सके। ऐसी हरी खाद की व्यवस्था हो जाय तो फिर अन्य खादों की जरूरत ही नहीं पड़ती है।

सामान्यतया 6.5 से 8.00 पी. एच. वाली भूमि इसके लिए उपयुक्त मानी गई है। भूमि अम्लीय, क्षारीय व रेतीली नहीं होनी चाहिए। खेत में पानी रुकना बिल्कुल नहीं चाहिए तथा नमी भी बराबर मिलती रहनी चाहिए।

जलवायु–सफेद मूसली प्राकृतिक रूप से उष्ण व आर्द्र जलवायु का पौधा है। जल और वायु दो शब्दों से मिलकर जलवायु शब्द बना है। जल का अर्थ आर्द्रता व वर्षा से हैं। वायु का अर्थ, हवाओं की दिशा, गति एवं अन्य दशाओं से है जिसके अन्तर्गत तापमान भी सम्मिलित है। तापमान का सामान्य अर्थ सर्दी व गर्मी से है। हवा के तेज चलने से आश्वेदन वाष्पीकरण आदि की तीव्रता बढ़ जाती है जिससे खेत की नमी उड़ जाती है। अन्य जीवधारियों की तरह पौधे भी श्वासोच्छवास की क्रिया सम्पन्न करते हैं। इस क्रिया में बाधा पड़ने पर वे मुरझा जाते हैं। अपनी जड़ों तथा तनों के अतिसूक्ष्म रन्ध्रों द्वारा ही पौधे श्वसन क्रिया करते हैं। मिट्टी में अधिक पानी भर जाने से श्वासोच्छवास के लिए पर्याप्त हवा नहीं मिल पाती है और तब पौधा कमजोर पड़ने लग जाता है।

वातावरण में ऑक्सीजन भी होती है। और कार्बन–डाई ऑक्साइड भी होती है। ये गैसें ताप और जल की सहायता से मिट्टी में घुलनशील भोज्य पदार्थों की मात्रा बढ़ा देती है। ये सूक्ष्म जीवाणु मिट्टी में मिले जैव पदार्थों को सड़ा–गलाकर पौधों के लिए खुराक तैयार करते है। तेज और गरम हवा खेत को बहुत नुकसान पहुंचाती है। वह खेत की नमी को उड़ा ले जाती है। अतः इससे बचने के लिए खेत के चारों ओर घनी छायादार व कांटेदार पेड़–पौधों की बाड़ लगा देनी उपयुक्त रहती है। यह बाड़ तेज, ठण्डी व गरम हवाओं से फसल की सुरक्षा करती है जिससे खेत की नमी बची रहती है। पशुओं से भी सुरक्षा देती है जिससे खेत को नुकसान नहीं पहुंचे। यों सागरगोटा और रतनजोत जैसे वृक्षों की बाड़ अतिरिक्त आय का साधन भी बन जाती है।

पानी–मिट्टी कितनी ही सूखी क्यों न हो, उसमें थोड़ा बहुत पानी का अंश तो रहता ही है। सफेद मूसली के पौधे में अधिकत्तम चालीस प्रतिशत तक जल रहना ही चाहिए ताकि फिंगर्स (कंद) पुष्ट होते रहें। सफेद मूसली के खेत की मिट्टी में 25 से 30 प्रतिशत तक पानी (नमी) की मात्रा पर्याप्त मानी जाती है। इससे अधिक मात्रा से फसल के गल जाने का डर रहता है। मिट्टी में जैव तत्वों की मात्रा जितनी अधिक होती है, उतनी ही मिट्टी की जल संग्राहक क्षमता भी बढ़

जाती है। अधिक सिंचाई से व बार–बार सिंचाई से मिट्टी की परत कड़क (कठोर) हो जाती है। जैव तत्व भूमि में गहरे उतर जाते हैं। लवणता बढ़ जाती है। अतः सफेद मूसली की फसल के लिए प्राकृतिक नमी ही अधिक लाभप्रद रहती है।

मूसली की फसल की वेजेटेटिव ग्रोथ मानसून में अर्थात् सितम्बर के लगभग हो जाती है, अतः वर्षा के जल से ही इसकी आवश्यकता पूर्ति हो जाती है, बाहर से सिंचाई की आवश्यकता नहीं रहती। यदि वर्षा अनियंत्रित हो व सिंचाई की आवश्यकता लगे तो लगभग 9–10 दिनों में एक हल्की पिलाई कर दी जानी चाहिए। सिंचाई इस प्रकार करें कि पानी कहीं भरा नहीं रह जाय। इस हेतु फ्लड इरीगेशन, ड्रिप इरीगेशन अथवा स्प्रिंकलर सिस्टम में से जो भी उपलब्ध हो, की जा सकती है। पत्ते झड़ जाने के बाद 20-25 दिनों में एक बार हल्की पिलाई ठीक रहती है। सिंचाई से हमारा तात्पर्य इतना ही है कि खेत में नमी बनी रहे ताकि भूमि में पनप रहे कंद पुष्ट हो सके, सूख न जाय। नमी के लिए अन्तरशस्य फसलें उचित अन्तर पर उगा देनी चाहिए। इन फसलों से खेत में नमी तो बनी रहती ही है व भूमि में दरारे पड़ने का डर भी नहीं रहता।

तापमान–भूमि को ताप सूर्य से ही प्राप्त होता है। कुछ ताप मिट्टी में जैव पदार्थों की स्ड़न क्रिया से उत्पन्न होता है। मिट्टी में पानी की अधिकता होने के कारण उष्मा प्राप्ति में बाधा पहुंचती है। अधोभूमि में उष्णता पर ही वनस्पति का बढ़ना अवलम्बित है। दूसरी ओर भूमि का जितना अधिक मोटा स्तर घास–फूस आदि से ढका रहता है, उसे उष्णता उतनी ही कम प्राप्त होती है। हवा के निरन्तर बहते रहने से भी भूमि की उष्णता में कमी पड़ जाती है।

ताप के अनुकूलन के लिए रतनजोत की फसल का उपयोग श्रेष्ठ है। निरन्तर छितरी छाया लगातार नमी, प्राकृतिक उर्वरकता एवं अनुकूल वायु अवरोधक ये सभी बातें रतनजोत से हमें प्राप्त हो जाती हैं।

कंद खोदना / भण्डारण / सुखाना

सफेद मूसली की फसल 8 या 9 माह में पक जाती है। इसे खोदकर निकालने का समय 15 मार्च से 15 अप्रेल तक उपयुक्त माना जाता है। फसल पूर्ण पकने पर ही निकालना चाहिए। फसल (कंद) पूर्ण परिपक्व हुई या नहीं इसे जानने के लिए एक–दो पौधे खोदकर कंदों को निकालकर देख लेना चाहिए। जमीन की प्रकृति एवं अनुकूलन की परिस्थितियों के अनुसार फसल पकने में 15–20 दिनों का अन्तर हो सकता है।

यों यह माना जाता है कि 15 मार्च से पूर्व इसे निकाल लेना ठीक नहीं। समय से पूर्व या पूर्ण परिपक्वता के अभाव में, कंद जल्दी सूख जाते हैं। कंद के पूर्ण

परिपक्व होने का अर्थ है कंद का आवरण कठोर हो जाना।

सही समय पर ही खुरपी, कुदाली या फावड़े से पूर्ण सावधानी से खोदकर कंद समुच्चयों को (गुच्छों को) निकालना चाहिए। पौधे की कतार के पास हल भी दे दिया जा सकता है जिससे मिट्टी ढीली–पोली हो जाती है।

इस काम में यह सावधानी रखी जानी चाहिए कि कंदों को खरोंच नहीं आए वे टूटे व छिले नहीं। इन्हें गुच्छों सहित निकालना चाहिए।

टूटे, या चोटिल कंदों की कीमत कम हो जाती है। उनकी सफेदी में भी अंतर आ जाता है।

भण्डारण बीजों के लिए–सफेद मूसली की बुआई कंदों से ही होती है अतः बीजों के रूप में कंदों का संग्रहण करना हो तो कंदों का नहीं सम्पूर्ण गुच्छों का संग्रहण करना होता है। कंदों को गुच्छों से अलग नहीं करना चाहिए। गुच्छों को ऐसे स्थान पर इस तरकीब से रखा जाना चाहिए, वे सड़े नहीं, सूखे नहीं, इन पर फंगस भी नहीं लग सके।

गुजरात में मिट्टी के घड़ों में या गड्डों में रेत डालकर संग्रहीत किया जाता है। जहां बड़ी मात्रा में संग्रहण करना होता है वहां तो कोल्ड स्टोरेज का उपयोग करना होता है।

यह भी ध्यान रखें कि संग्रहण के पूर्व इन पर 'फंगसरोधी' दवा अवश्य छिड़क देवें।

खेत से खोदकर निकालने के बाद गुच्छों में से रोगी, दुर्बल या क्षतिग्रस्त फिंगर्स को छांटकर अलग कर देना चाहिए। निरोगी, व दलदार (पुष्ट) फिंगर्स (कंद) ही बीज के लिए संग्रहीत किए जाने चाहिए।

जमीन से सावधानीपूर्वक पूर्ण गुच्छों को निकालकर कम से कम 36 घण्टे तक छाया में रखे। इससे कंदों में जो अतिरिक्त नमी होगी वह सूख जाएगी। तब उन पर हल्के रूप में फंगसरोधी दवाई को छिटककर एक–दो घण्टों बाद इन्हें जहाँ व जिस तरह से भी आपके अपनी सुविधानुसार संग्रहीत करना हो कर लेवें। ध्यान रहे धूप में नहीं रखें व दो दिनों से ज्यादा पड़े नहीं रहने देवें, अन्यथा सूखने व सिकुड़ने की प्रक्रिया शुरू हो जाएगी।

संग्रहण स्थान–चाहे वह मटका हो गड्डा हो या कोल्ड स्टोर हो; पानी से बचावें अन्यथा कंद सड़ उठेंगे। विपरीत इसके इनमें नमी भी बराबर बनी रहे।

भंड़ारण (संग्रहण) विक्रय हेतु–विक्रय हेतु संग्रहण करना है तो गुच्छों को ठीक ढंग से धोना चाहिए ताकि उन पर मिट्टी का अंश नहीं रह जाय। धोने के बाद गुच्छों को स्वच्छ पानी में कुछ घण्टों तक भीगो देना चाहिए। उतनी ही देर

के लिए भींगोए रखें कि ऊपर का मटमेला छिलका आसानी से उतर सके, उस पर खरोच न लगे, न गुदा साथ में उतरे।

ऊपरी आवरण या छिलका उतरने पर सफेद रंग के कंद प्राप्त होते हैं। इन्हें साफ–सफेद चादर पर स्वच्छ धूप में सुखा देना चाहिए जिससे न विशेष ऊष्मा मिल सके और न धूल इन पर जम सके। छिलका निकालते समय ही ध्यान दिया जाना चाहिए कि कंद का गुदा छिलके के साथ नहीं आना चाहिए।

कंद अच्छी तरह सूख गए हैं इसकी जांच के लिए कंद का एक टुकड़ा तोड़कर देखना चाहिए। जब वह खट की आवाज के साथ टूटे तो समझना चाहिए कि वह सूख गया है। अब यह "सफेद मूसली" बाजार में बिक्री के लिए तैयार है। इसे पोलीथीन लाईनिंग्स वाले या जूट के यथोचित नाप की तैयार थैलियों में पैक कर दीजिए। छीलने और सुखाने की प्रक्रिया के दौरान इसका 20 प्रतिशत वजन रह जाता है। 75–80 प्रतिशत भाग कम पड़ जाता है। बाजार में इसकी कीमत सफेदी और मांसलता पर आधारित है। सफेद मूसली जितनी सफेद और दलदार (मांसल) होगी उतनी ही कीमत में अधिक होगी। केवल पूर्ण परिपक्व, ठोस व स्वच्छ कंदों का भण्डारण करना चाहिए।

छिली हुए सफेद कंदों को स्वच्छ धूप में स्वच्छ सफेद वस्त्र पर सुखाना चाहिए। आंधी, तेज हवा व मिट्टी से बचाना चाहिए। इसे उतने दिन सुखाते रहना चाहिए जितने दिनों में इसकी भीतरी नमी न सूख जाय। इसके लिए प्रायः दो दिन या अधिक हो तो तीन दिन ही चाहिए, अधिक नहीं।

औषधीय उपयोग/प्रमुख उत्पाद

इस पौधे के औषधीय गुणों की जानकारी सैंकड़ों वर्षों पूर्व से मानवजाति को है। आदिवासी लोग अपनी शारीरिक कमजोरी को दूर करने के लिए वैदिक युग से पूर्व भी इसका उपयोग करते रहे हैं। ऋषिगणों द्वारा अनेक राजाओं की नपुंसकता को दूर करने की कहानियां, प्रचलित है। अनेक नारियों को पुत्रदान की प्रक्रिया में सफेद मूसली और शिलाजीत का उपयोग करने का उदहारण उपलब्ध है। वैद्य श्री विष्णुदत्त शर्मा, ज्योति प्राकृतिक चिकित्सा केन्द्र ब्यावर के अनुसार सफेद मूसली के कंदों के उपयोग की जानकारी भालुओं द्वारा मिली। वे अपने कमजोर बच्चों, मर्दों व साथियों के लिए इस पौधे की जड़ों को खोद कर खिलाते रहे हैं। इनकी जांच–पड़ताल करने पर आदिमानव को कमजोरी दूर करने का यह अद्वितीय नुस्खा प्राप्त हो गया। यह कमजोरी चाहे बुढ़ापे के कारण हो, यौन शक्ति के दुरुपयोग के कारण हो या स्त्रियों के प्रसवोपरान्त आई हो आदिवासी स्त्रियां प्रसवोपरान्त इसका व शिलाजीत का अथवा वृक्षों के गोंद का उपयोग आदिकाल

से करती आई है। इसी कारण सफेद मूसली प्रस्तर युग से आज तक वीर्यवर्धक औषधि मानी जाती रही है।

यो तो सबसे अधिक प्रसिद्धि का कारण नपुंसकता दूर करने या यौन शक्ति–बढ़ाने हेतु रहा है। वात–पित के शमन में भी यह गुणकारी है। अस्थमा व खांसी, पीलिया आदि में भी इसका उपयोग होता है। यौन शक्ति वर्धक औषधियों में च्यवनप्राश का तो यह मुख्य घटक है। इन दिनों नवयुवकों में प्रचलित वीटा एक्स् गोल्ड नामक कैप्सूल्स इसी से बने हैं। माताओं का दूध बढ़ाने के लिए इसका उपयोग परम्परा से होता आया है।

सफेद मूसली प्रमुखतया एक प्रभावी बाजीकरण औषधीय पौधा है। इस युग के युवक–युवतियों की स्वच्छन्दता ने इसकी कीमत बहुत बढ़ा दी है। सैंकड़ों दवाइयों में इसका उपयोग होने लगा है।

मूत्र रोगों व ल्युकोरियां में भी इसका पर्याप्त संतोषजनक उपयोग हो रहा है।

नपुंसकता दूर करने तथा यौन शक्ति पुनर्भरण हेतु ही नहीं अपितु इस युग की चारों ओर तेजी से एवं पाँव प्रसार मुधुमेह की भी यह प्रभावी औषधी है।

वर्तमान में सफेद मूसली का उपयोग करने में जो प्रमुख उत्पाद एवं औषधियां बनाई जा रही हैं। उनमें से कतिपय प्रमुख उत्पादों की संक्षिप्त जानकारी यहां देना उचित समझता हूँ–

दीनदयाल फार्मा. द्वारा निर्मित स्तंभन हेतु 303 कैप्सूल मंत्र हेल्दी हर्बल प्रा. लि. द्वारा निर्मित ''क्लाईमेक्स'', वैद्यनाथ आर्युवेद भवन लि. द्वारा निर्मित ''वीटा–एक्स गोल्ड'' आदि के नाम तो सभी जान गए है।

कुछ यूनानी नुस्खे भी बाजार में लोकप्रियता प्राप्त कर रहे हैं–जैसे–सिफुफ सिफूफसेलान आदि

च्यवनप्राश और डाबर का अश्वगंध चूर्ण तो घर–घर में प्रयोगित हो रहा है।

गिलोय (गुडूची)

(Tinospora-Cordi Folio)

गिलोय या गुडूची एक आरोही लता हैं। जो भारत में सर्वत्र पाई जाती हैं। सहारा पाकर यह लता तीव्रगति से फैलती हैं। यह बारह महिनों हरी रहने वाली सदाबहार लता हैं। इसके पत्ते पीपल के या पान की आकृति के होते हैं। धीरे–धीरे जितना मोटा हो जाता हैं। आगे से तना सूत्र की तरह निकलता बढ़ता जाता हैं। इसको पेड़ों का सहारा चाहिए या फिर बाँस आदि इसके सहारे के लिए पास में खड़ा कर दियास जाता हैं। प्रायः दालागें में छप्परों में ठण्डी छाया के लिए इसे

लगाया जाता हैं।

जब यह नीम के वृक्ष के सहारे ऊपर चढ़ता व फैलता है तो उसे नीम गिलोय कहते हैं। यह गिलाये सर्वाधिक गुणवता वाली मानी जाती हैं। चाहे कहीं भी किसी भी पेड़ पर फैली हुई हो इसे प्रायः नीम गिलोय ही कहते हैं।

इसका वनस्पतिक नाम लेटिन में "टिनास्पोरा कारडीफोलिया" (Tinospora Cordi Folio) हैं। यह लता 'गुडुच्यादि' वर्ग की हैं इसका कुल भी यही हैं।

यह बहुवर्षायु, तथा बहुउद्देश्यीय लता 900 मीटर की ऊँचाई तक भी प्रत्येक जलवायु क्षेत्र में पनप सकती हैं।

इसे अमृता भी कहते हैं। आयुर्वेदाचार्यो की ऐसी मान्यता है कि गिलोय, आँवला और हरड़ ये तीनों ही ऐसी वनौषधियाँ है जिनकी उत्पति अमृत से हुई। इसमें अमृत के समान संजीवनी गुण होने के कारण यह अमृता नाम से भी जानी जाती हैं।

प्रजातियाँ
1. गिलोय, गुडूची, अमृता
2. कन्द गुडूची–पदम गुडूची
3. टिनोर्स्पोरा क्रिस्पा

पर्वतीय क्षेत्रों में इसकी एक प्रजाति और प्राप्त होती है जिसे कन्दगुडूची, पिण्ड गुडूची या गिलोय पदम कहते हैं। इसके तने अधिक भूरे रंग के होते हैं, पुराने पड़ने पर इनमें दरारें सी पड़ जाती हैं। पत्तों का पर्णहरित भी कुछ फीका होता हैं। तनों पर छोटे–छोटे अर्बुसकार कंद होते हैं। इसीलिए इसे कन्दगुडूची कहते हैं इसके पत्ते तीन खण्ड़ों से युक्त होते हैं, ये चौड़े व 10–15 सेंटीमिटर तक लम्बे होते हैं। यह पद्मगुडूची या कचोदवा गुडूची के नाम से बंगाल, उड़ीसा, आसाम, मद्रास तथा देहरादून के पर्वतीय वनों में बहुत पाई जाती हैं।

टिनोस्पोरा क्रिस्पा :–एक प्रजाति मलाया, आसाम, सिलोन में भी पाई जाती है। जिसका लेटिन नाम टिनोस्पोरा क्रिस्पा हैं। इसके पत्ते अण्डाकार व 7–8 सेन्टीमीटर तक लम्बे व आगे से नुकीले होते हैं।

यह आरोही लता सहजजन्मा हैं। अर्थात इसका 6–7 इंच का टुकड़ा भी काटकर छाया में नम स्थान पर डाल दिया जाय तो 7–8 दिनों बाद इसमें जड़े फटने लग जायेगी, नए अंकुर फूट पडेंगे।

इसका महत्त्व इस बात से भी है कि इसके पत्ते व तना ही नहीं प्रत्यत फल, फूल और जड़ भी औषधीय गुणवत्त से सम्पन्न हैं। यो सर्वाधिक उपयोग तने का ही होता हैं। बाजार में गिलोय माँगने पर तने के 2–3 इंच के सूखे टुकड़े ही मिलते हैं इसके मुख्या प्रचलित उत्पादों में अमृतारिष्ट,सं शमन बटी, गुडूच्यादि क्वाथ,

गिलोय, च्यवनप्राश दशमूलारिष्ठ, संजीवनी बटी, चन्द्रप्रभाबटी, चित्रक, हरीतकी, गुडूची घृत, अमृतारिष्ट–क्वाथ, गुडूचीअवलेह आदि।

नाम वैविध्य

संस्कृत	गुडूची, अमृता, मधुपर्णी, छिन्नरूहा
हिन्दी	गिलोय
मराठी	गुडबेल, गरूडबेल
बंगला	गुलंच, गुरूच
गुजराती	गलो, गलिया
फारसी	गिलोय
अंग्रेजी	हार्टलीण्ड, मूनसीड
लैटिन	टिनोस्पोरा कोर्डिफोलिया
	मेनिस्पर मेसिया कोडि फोलिया
	काकुलस कार्डोफोलिया
	टिनोस्पोरा–मालाबेरिका
वर्ग	गुडुच्यादिवर्ग, Mednisper Maceac

रसायनिक एवं वनस्पतिक संरचना।

रसायनिक संरचना :–गिलोय गुडच्यादि वर्ग की बहुवर्षी आरोही लता हैं। इसमें गिलस्टोराल, गिलाइनीन आदि तत्व पाए जाते हैं। इनकी पत्तियों में प्रोटीन केलिशयम आदि भी उपलब्ध हैं।

प्रोटीन	–	2.5%
केल्शियम	–	0.6%
फास्पोरस	–	0.57%
बर्वेरिन	–	0.26%

गिलोय के तने में "ग्लुकोसाइड्स" तथा "एल्कोलाइड्स" होता हैं। तना ही सर्वाधिक औषधीय उपयोग में प्रयुक्त होता हैं। जब भी किसी औषधि सन्दर्भ में नाम लिया जाता हैं तो तना ही गिलोय के नाम ख्यात हैं।

वनस्पतियों का वर्गीकरण व गिलोय :–वनस्पतियों के स्वरूणात्मक दृष्टिकोण से वृक्ष, लता क्षुप आदि तीन भेद किए गए हैं। गिलोय "क्षुप" श्रेणी में आती है।

सर्व प्रथम मानव संस्कृति के आदि ज्ञानसमुच्च "ऋग्वेद" में वनस्पतियों का वर्गीकरण दो प्रमुख वर्गों में किया गया था। विध्वङव्याक्रमत् साशनानशने अभि वे वर्ग थे (1) साशन (2) अनशन। आगे चलकर इनको चार वर्गों में वर्गीकृत किया।

याः फलिनीयी अफला अपुष्पाश्च पुष्पिणी।। (ऋग्वेद)

(1) फलिनी (2) पुष्पिणी (3) अफालिनी (4) अपुष्पिणी।।

और भी आगे देखते हैं तो वनस्पतियों के स्वरूपणत्मक एवं गुणकर्मात्मक वर्णन भी सूक्ष्मसूत्र रूप में मिलते हैं।

यह 'क्षुप' (झाड़ी) वर्ग की वनस्पति हैं। इसका तना ही इसके बिजाई का काम भी दे जाता हैं। इसका तना हरा कोमल अँगुली के बराबर उम्रानुसार मोटा होता रहता हैं। तना काटे जाने के बाद भी कई दिनों तक हरा रहता हैं। जड़ वापस फूट जाया करती हैं।

पत्ते :–गिलोय के पत्ते पान के या पीपल के पत्तों की आकृत्ति लिए होते हैं। इसके किसलयी पत्तों का शाक उष्ण लघु विपाक में मधुर, दीपन वल्य हैं। ये तृष्ण दाह, भेद वातरक्त, कामला, पाण्डु कुष्ट रोग नाशक, वातहर तथा वृष्य दाह, मंद, वात रक्त, कामला, पाण्डु, कुष्ट रोग नाशक हैं। यह वातहर तथा नृष्य हैं।

फल :–गिलोय की बेल पर फल बहुत छोटे हरे मूंग के दानों से कुछ बड़े होते है व अंगूर के गुच्छे की तरह लगते हैं। फलों का रस, मुख क्रान्ति हेतु एवं फोड़े फ़ुंसियों आदि की औषधि में प्रयुक्त होते हैं।

गुण धर्म :–यह गुरु प्रथम श्रेणी का गर्म तथा रूक्ष हैं। स्वाद में कषाय, विपाक में मधुर दीपन, पाचन अनुलोमक मूत्रल, त्रिदोषशामक, रक्तशोधक हैं। पित्त रोगों पर यह विशेष प्रभावी रसायन हैं।

ज्वर, प्रमेह, पाण्डु, कुष्ठ अर्श, तृषा, कास–मूत्र, कृच्छ हृदयरोग, अग्निमांद्य, शूल ग्रहणी–विकार तथा आमाशय की अम्लता, हिस्टीरिया, मिरगी, पितज्वर में लाभदायी हैं। जीर्ण ज्वर तथा मोतीझरा निमोनिया मलेरिया आदि में इसका विलक्षण प्रभाव देखने में आया हैं।

यह मलेरिया के किटाणुओं को नष्ट करने में समर्थ है। साथ ही ज्वर के बाद शरीर में कृशता आ जाती है उसे शीघ्र दूर कर देती हैं। यह क्षुधावर्धक, शुक्रल एवं सांद्रकर्ता होने के साथ ही यकृत तथा आमाशय के दाह का हरण करती हैं।

खेत की पूर्व तैयारी / जलवायु
पौधरोपण / कटाई आदि

गिलोय एक ऐसी वनौषधीय लता है जो हर घर कृषि कार्यो में दुकानों में सजावट के लिए प्रयुक्त होने वाले पौधों लताओं में लोकप्रिय लता हैं। यह तेजी से बढ़ती व सघन होती हैं। ग्रीष्म ऋतृ में छाया बनाने के लिए इससे बढ़कोई विकल्प नहीं। आयुर्वेद औषधी निर्माण में सर्वाधिक योगदान इस लता को है सर्वाधिक निरापदः योग इसी से बनते हैं। आयुर्वेद शास्त्रों में इसकी उत्पत्ति से हुई

हैं, सचमुच में यह बूटी अमृत के सामने रोग शामक गुणों के कारण कुपित हुए दोषों को यथास्थिति रखकर प्रकृत्ति को निरोग करने में विशेष समर्थ सिद्ध हैं।

इसकी रोग प्रतिरोधक क्षमता अद्भुत हैं। माँग भी निरन्तर बढ़ रहीं हैं। अतः इसके कृषिकरण के प्रति रूझान निरन्तर बढ़ रहा हैं।

यों तो यह किसी विशेष जलवायु का नहीं, प्रत्युत सभी प्रकार की जलवायु में उत्पन्न होने वाली लता हैं। तथापि गर्म व नमी युक्त जलवायु इसके लिए विशेष अनुकूल हैं।

इन दिनों पर्यावरण प्रदूषण एवं अस्वास्थ्यप्रद खान–पान के कारण अनेकानेक नित नई व्याधियाँ उत्पन्न हो रही हैं। एलोपैथिक में मानव समाज का अवधान आयुर्वेद की ओर बढ़ा हैं। वनौषधियों की कृषि की माँग भी है तो जरूरत भी हैं। इन्हीं सभी बातों को दखते हुए गिलोय शोभालता ही नहीं रहकर कृषि की वस्तु हो गई हैं।

पूर्व तैयारी :–गिलोय की कृषि के लिए भूमि (खेत) की जुताई मानसून से पूर्व ही कर दी जानी चाहिए। खेत में दो तीन बार हल चला कर फिर उस पर पाटा चला देना चाहिए। ताकि भूमि मुलायम, ढ़ीली पोली हो जाय। खेत में पोषक तत्वों की संपूर्ति के लिए गोबर की पूरी तरह सड़ी खाद, कम्पोस्ट खाद या हरिखाद खेत में ठीक से डालकर पाटा चलाना चाहिए। इससे खाद का खेत में अच्छी तरह से डी. कम्पोजीशन हो जाय। यदि हल्की गोबर की खाद ली जाय ये ध्यान रखा जाय कि पूर्ण वह पकी हुई होती हैं। कच्ची खाद में सुण्डी, दीमक आदि आ सकती हैं। याद रहे यह खेत केवल गिलोय के लिए ही नहीं–उसके आरोहण के लिए अरोही वृक्षों के लिए भी हैं।

मुलायम, ढ़ीली, पोली, मिट्टी में हवा की सहज पहुँच होती हैं हवा खुलकर खेलती हैं। रोपित फसल सहज ही जड़ पकड़ लेती हैं।

इस प्रकार जुताई से भूमि में अनावश्यक पौधे जड़े व डंठल आदि, उखड़कर नष्ट हो जाते हैं।

मिट्टी में दबे पड़े हानिप्रद कीटों के अण्ड़े, बच्चे, लार्वा लटें आदि सतह पर आकर तेज धूप में नष्ट हो जाते हैं।

साथ ही ढ़ीली व भुरभुरी मिट्टी में हवा व उष्णता का संचार बिना किसी बाधा के होता हैं।, जिससे भूमि की उर्वरकता बढ़ जाती हैं।

पौध तैयार करना :–गिलोय का बिजाई बीजों से नहीं की जाती, न इसकी नर्सरी ही तैयार करने की आवश्यकता होती हैं। बीजों में अंकुरण क्षमता बहुत कम होती है, अतः लता के तने के 6–7 इंच के टुकड़े काटकर रोप देने से ही जड़

पकड़कर लेते हैं।

इसके लिए खेत में पहले से ही बेडस (येड) बना ली जानी चाहिए। कुछ लोग सीधे ही क्यारियां बनाकर उसमें रौपण से लता का विकास शीघ्र व समुचित होता हैं। इसके लिए बनाए गए बेडस की ऊँचाई छह इंच से 16 इंच होनी चाहिए।

गिलोय लता के तने के 6 से 8 इंच के टुकड़े काटकर इकट्ठे कर के रख लेते हैं। एक एक कटा हुआ टुकड़ा डेढ़ फुट की दूरी पर बने हुए बेड्स (Beds) में दो अढ़ाई इंच गहरे रोप दिया जाना चाहिए।

रोप लगाने के लगभग सात से दस दिनों में जड़े निकल आती हैं।

रापी जाने वाले कटे टुकड़े में यह देख लेवे कि एक दो आँख (नोडस) होनी चाहिए।

रोपण :–मानसून से पूर्व अर्थात जुलाई में ही इसे बो देना चाहिए।

बेड्स में नहीं लगाकर समतल क्यारियों में बोना हो तो कम से कम एक डेढ़–फुट के गड्ढ़े बनाकर जड़युक्त (आखयुक्त) कटिगें लगा देनी चाहिए।

पौधों की परस्पर दूरी एक डेढ़ फुट से कम नहीं रखे। ताकि भूमि में जड़े आपस में उलझे नहीं पौधे की शाखाएँ टकराए नहीं।

आरोही हेतु सह वृक्ष :–यह आरोही बेल हैं। अतः इसे सहारों की जरूरत हैं। इसके पास रतनजोत, अरण्डी या सहजन जैसे पेड़ लगा दिये जाने चाहिए। इके फलों की आय भी साथ–साथ मिलती रहती है।

उचित तरीका तो यह है कि रतनजोत अरण्डी और सहजन या अन्य वृक्ष जो लगाने हो वे वृक्ष तीन चार फुट रोप ऊँचे उठ आवे तब उनकी जड़ों के पास गिलोय को रोप दिया जाय।

प्रारम्भ के एक माह तक इसे निरन्तर पानी मिलता रहना चाहिए अर्थात नमी बनी रहनी चाहिए किन्तु अधिक पानी का भराव ठीक नहीं।

सिंचाई :–प्रारम्भिक अवस्था में इसे प्रतिदिन पानी चाहिए। जब लता 2–3 फुट बढ़ जाय सिंचाई सफाई की जा सकती हैं।

आरक्षी वृक्षों का अभाव में बाँस के छप्पर बनाकर उन पर इन्हें फैलने का अवसर दिया जा सकता हैं।

रतनजोत की प्राथमिकता देवें :–आरोही पेड़ों के लिए यो तो अरण्डी के व सहज के पेड़ भी लगाए जा सकते हैं किन्तु इन दिनों रतनजोत की कीमत अधिक बढ़ रही हैं यह ''डीजल–वृक्ष'' हैं। इसकी निम्न उपयोगिता हैं :–

1. यह पेड़, खेत की नैसर्गिक नमी को बचाए रखने में अधिक समर्थ हैं।

2. यह पौधे को कोई पशु अर्थात गाय, बैल, बकरी, ऊँट, नीलगाय व हिरण आदि कोई नहीं खाता न कोई क्षति पहुँचाता हैं।

3. रतनजोत बहुवर्षीय पौधा है, इसके बीजों से डीजल उत्पादन किया जाता है। अतः उर्जा क्षेत्र का यह महत्त्वपूर्ण पेड़ 40–50 वर्षों तक लगातर उत्पादन देता रहता हैं।

4. इसके झड़े हुए पत्ते, खेत के लिए उत्तम खाद का काम करते है, व खेत की उर्वरा शक्ति बढ़ाते हैं।

5. यह वृक्ष अपने साथी वृक्षों की तरह संरक्षण एवं मृदा संरक्षण के काम भी आता हैं।

6. यह शीतल व तेज शुष्क हवाओं से फसल को बचाता हैं।

अल्पायुई अन्तर शस्य फसलें :–

अल्पायुई अन्तर शस्य फसलें :–गिलोय के साथ अधिकांश कृषक कोई अन्तरशस्य फसल नहीं लेते हैं। अल्पायूई अन्तर शस्य फसलें प्रायः फसलों के बीच लगाई जाती हैं। जिसकी मूल फसल लेने में कुछ महिनों का अंतर लगता है जैसे सफेद मूसली, नीम्बू आदि। ग्वारपाठे की फसल हर तीसरे माह उतारी जाती हैं फिर भी कुछ ऐसी फसलें जो अस्थाई, अल्पायु होती है, छोटी होती है, इसके खेत में लगाई जा सकती है, जैसे फूल, टमाटर, मटर आदि।

कटाई (उत्पादन)

पत्ते :–इसका तना तो औषधि है ही, पत्ते और कलियाँ भी औषधीय गुण सम्पन्न होते हैं। पत्तों को तोड़कर उनका संग्रह किया जाना चाहिए। पत्ते पकने से पहले हरे ही तोड़ लिए जाते हैं। न ज्यादा कोमल (कच्चे) हो न पीले। पत्तों को तोड़कर धोकर स्वच्छ स्थान पर इकट्ठा करके साफ स्वच्छ छायावाले स्थल में खुले रखकर सुखाए। जाने चाहिए। नम स्थान पर या पानी के सम्पर्क में आने पर इन पर फंगस लग जाता हैं, दाग लग जाते है जो इनकी गुणवत्त को प्रभावित करते है। अधिक दाग वाले व सड़े पीले पत्तों को अलग कर देना चाहिए। जिससे इसमे प्राप्त गिलाइन रसायन नष्ट हो जाती हैं। प्रायः एक हफ्ते में पहले ठीक से सूख जाते हैं तब इन्हे पोलीथिन की थैलियों में भरकर पूर्व में अनुबंधित व्यापारी तक भिजवा दिया जाना चाहिए।

पत्तों के तोड़े जाने का समय प्रति दो माह या अढ़ाई माह बाद रखा जाना चाहिए। पत्ते तोड़ने के बाद बहुत शीघ्र वापस नए पत्ते अंकुरित हो जाते हैं।

अनुमान हैं कि एक वर्ष में एक एकड़ भूमि में लगी गिलोय लता से 1600 किलोग्राम कि लगभग सूखे पत्तो का संग्रहण किया जा सकता हैं। पत्ते तोड़ने में

सावधानी यह रखी जाय कि लता को झटका नहीं लगे। फूल नहीं झड़े। तना चोटिल न हो जाए।

तना :—तना ऐसे अवसर पर काटा जाना चाहिए जब उस पर पत्ते नहीं हो। इस लता के पत्ते पतझड़ में झड़ जाते हैं। केवल लता का तना बचा रहता हैं। तब इसे जड़ के छह इन्च ऊपर से काट लेना चाहिए इसके 3—3 या 4—4 इन्च के टुकड़े काटकर छाया में सुखा लिया जाना चाहिए। जब ठीक से सूख जाय तो बोरियों या प्लास्टिक की थैलियों में ठीक से पेककर विक्रय हेतु तैयार कर लिए जाते हैं।

गिलोय—औषधीय उपयोग

जिस प्रकार आँवला का अधिकतम रोगों में, सर्वाधिक औषधीय उपयोग होता है—उसी तरह गिलोय भी सर्वाधिक रोगों में सर्वाधिक औषधियों में किसी न किसी रूप से अपनी उपयोगिता रखती हैं। इसे अमृत से उत्पन्न औषधि कहा गया हैं।

ज्वर (सामान्य) :—

● ज्वर में गिलोय को क्वाथ शहद के साथ निरन्तर दोनों समय सेवन करते रहना चाहिए जब तक ज्वर न उतर जाय।

● गिलोय स्वरस में पीपर का चूर्ण मिलाकर प्रातः सायं सेवन किया जाने से भी जीर्ण ज्वर उतर जाया करता है।

मोतीझरा का ज्वर (टाइफाइड) :—गिलोय का क्वाथ कुछ दिन निरन्तर सेवन करने से मोतीझरा के रोग से छुटकारा पाया जा सकता हैं।

ज्वरोपरान्त की दुर्बलता :—ज्वर के बाद व्यक्ति बहुत क्षीण हो जाता हैं। बहुत दिनों तक सामान्य स्वास्थ्य की अनुभूति नहीं हो पाती हैं। इस कमजोरी को दूर करने के लिए गिलोय निरापता और सोफ का फाण्ट बनाकर रोगी को 10 मि. ग्रा दिन में दोनो समय देवे। इसके पन्द्रह मिनट बाद गर्म दूध पीने से शीघ्र, स्वास्थ्य लाभ होता हैं।

कुनेन से मलेरिया का ज्वर उतर तो जाता है किन्तु उसके कुप्रभाव से कभी—कभी रोगी की नींद नहीं आने की परेशानी होने लगती हैं, चक्कर आने और जी घबराने लगता हैं। इन सभी को दूर कर शीघ्र स्वास्थ्य लाभ करने हेतु गिलोय सत्व 4 रत्ती, शहद के साथ कुछ दिन देवे। यदि इस दवा में मुक्तापिष्ट या प्रवालपिष्टी भी मिलाकर दी जाय तो शीघ्र स्वास्थ्य लाभ होता हैं।

वमन (कै) :—पित्त का प्रकोप बढ़ने से या खाने पीने की ये किसी अनियमितता या कमी से, या अन्य किसी भी कारण से वमन होने लगती हो तो

गिलोय हिम 5 तोला दिन में तीन–चार बाद शहद अथवा मिश्री के साथ सेवन कराने से रोगी को आराम मिलता हैं।

वर्ण (घाव) :–गिलोय के ताजा फलों का रस 50 ग्राम, तिल का तेल 50 ग्राम मिलाकर इतना उबाले कि केवल तेल ही शेष रह जाय। उस तेल को उतारकर ठण्डा कर लेवें उसमें नीला थोथा 2 ग्राम तथा संगजहरात 2 ग्राम व मोम 4 ग्राम मिलाकर मरहम बना लेवें। यह मलहम हर प्रकार के वर्ण को भरने में सक्षम हैं।

ब्लड़प्रेसर (रक्तचाप) :–वर्तमान, अप्राकृतिक जीवन के कारण इस रोग ने अधिकांश व्यक्तियों को चपेट में ले रखा हैं। गीलोय, शंखपुष्पी और आँवला का चूर्ण सममात्रा में एक चम्मच प्रातः सायं लेने से उच्च रक्तचाप शीघ्र नियंत्रित होता हैं। निम्न रक्तचाप हो तो गिलोय शर्बत का उपयोग।

पीलियाँ :–

● गिलोय के ताजा तने (तर्जनी के जैसी मोटी) के आधा इन्च टुकड़ों की माला बनाकर धारण करने से पीलिया के कष्ट से मुक्ति सम्भव हैं।

● गिलोय के सूखे फलों का पावड़र, रोगी को दिन में दो बार 5 मि. ग्राम. के हिसाब से शहद के साथ चटाने से पीलिया शीघ्र ठीक हो जाता है। साथ ही माला भी धारण रखे तो अधिक उचित होगा।

● गिलोय पत्र रस का 1 मिली ग्राम एक गिलास ताजा छाछ के साथ सेवन कराते रहने से पीलिया रोग नियंत्रित हो जाता हैं।

गठिया रोग :–

● ताजा पत्र रस 10 मि. ग्राम दिन में दो बार सेवन करना चाहिए।

● गिलोय सूखे पत्तों का पावडर एक चम्मच, शहद के साथ रोगी को चटावे।

उदरशूल :–

● ताजा गिलोय का पत्र रस दो तोला, अजमोद दो माशा, नीम की सींके सात सभी को कूटकर लुग्दी बना लेवें। इस लुग्दी को रात में 250 ग्राम पानी में भिगोकर रख देवें। प्रातः लुग्दी को बारीक पीसकर उसी पानी के साथ शरबत बनाकर पीने से उदरशूल शान्त होता हैं। पेट की गर्मी दूर होती हैं।

राजयक्ष्मा (क्षय, टी. बी) :–

● गिलोय एक चम्मच चूर्ण के साथ खरैटी और आँवला चूर्ण आधा चम्मच, कालीमिर्च चूर्ण 1/16 भाग मिलाकर कुछ दिनों दोनों समय शहद में चटावें।

पन्द्रह मिनट बाद बकरी का दूध एक गिलास पिलावें। यह प्रक्रिया कम से कम एक महिने तक तो नियमित रखना ही है। साथ ही संयमित जीवन एवं संतुलित आहार रोगी को शीघ्र स्वस्थ कर देगा। राजयक्ष्मा असंयमित जीवन की देन हैं।

● गिलोय सत्व 5 रत्ती, स्वर्णभस्म 1/16 रत्ती, सितोपलादी चूर्ण दो माशा मिलाकर निरन्तर कम से कम एक माह तक दोनों समय देना चाहिए।

● गिलोय सत्व 3 माशा, बकरी के दूध के मक्खन के साथ, रूचिनुसार पुराने शहद के साथ रोगी को निरन्तर सेवने करना चाहिए।

मधुमेह (डायबिटीज) :–

● शरीर में पेन्क्रियाज नामक ग्रन्थि द्वारा इन्सुलिन नामक हारमोन्स पैदा होते हैं। यह इन्सुलिन हमारे द्वारा किए गए भोजन में से कार्बोहाइड्रेट्स का ग्लकोज में बदलता है। इन्सुलिन की कमी के कारण यथोचित ग्लूकोज नहीं बन पाता जिसके कारण से कतिपय कोशिकाएँ निष्क्रीय होने लगती हैं। यही मधुमेह हैं। अप्राकृतिक जीवन शैली इस भयंकर रोग का मुख्या कारण हैं। इन दिनों 100 में से 70 प्राणी मधुमेह पीड़ित हैं। इससे हृदयघात और मस्तिष्क पक्षाघात भी सम्भव हैं। पिण्डलियों में भयंकर दर्द रहता हैं। ऐसे ये मामूली घाव भी लम्बे समय तक नहीं भरते वे नासूर में भी बदल सकते हैं। यह रोग अकेला नहीं आता सहायक रोगों की पूरी टीम लेकर आता हैं अतः शीघ्र सही नियमित उपचारार्थ खान–पान के प्रति सर्तकता एवं प्राकृतिक जीवन शैली अपनाई जानी चाहिए।

● गिलोय सत्व दो माशा, गाय का ताजा घी माशा मिलाकर एक खुराक बनती हैं। गह प्रातः सायं भूखे पेट या खाने के एक घण्टे पहले सेवन करे। हृदय रोग की आशंका हो तो घी की बजाय ब्राह्मी का क्वाथ काम में लिया जाना चाहिए।

हृदय रोग :–

● धड़कन का बढ़ना :–गिलोय/गुडूची स्वरस के साथ ब्राह्मी रस मिलाकर निरन्तर सेवन करते रहे। धड़कन नियंत्रित हो जाती है।

● गिलोय/गुडूची धनसत्व 10 तोला, 6 माशा स्वर्ण माक्षिक भस्म 6 माशा, प्रवाल भस्म 1 रत्ती की चणनोर के बराबर गोलियाँ बना लेवे। चार गोली बकरी के दूध के साथ प्रतिदिन सेवन करे।

● मधुमेह तथा हृदय रोगी को अपने भोजन पर ध्यान देना चाहिए। दूसरी सावधानी यह बरते कि यथासम्भव प्रदूषण मुक्त आक्सीजन युक्त स्वच्छ एवं शुद्ध वातावरण में रहने का प्रयास करना चाहिए। एवं सजगता पूर्वक दीर्घ, गहरे, मद

गति से श्वास लेना चाहिए श्वास ही जीवन हैं।

सूखी खाँसी :–गिलोय सत्व और सितलोपलादि चूर्ण दो दो रत्ती लेकर अनाज के रस के साथ दिन में तीन बार सेवन करने से सूखी खाँसी से मुक्ति मिलती है।

सुजाक :–गिलोय, आँवला, असगंध, गोखरू सभी समभाग में लेकर जौकुट कर क्लाथ बला लेवे। यह क्वाथ दिन में तीन बार दो दो चम्मच कम से कम दो सप्ताह तक सेवन करे।

प्रदर :–

● गिलोय तथा शतावरी का क्वाथ 10 से 15 मिलीलीटर प्रायः सायः सेवन करने से पित्तज प्रदर में लाभ होता हैं।

● गिलोय–हिम का सेवन भी लाभ पहुँचाता हैं।

● गिलाय सत्व 2 माशा, अशोक छाल 5 तोला मिलाकर दिन में दो तीन बार सेवन करे।

[जामुन के उबले पानी से योनी मार्ग को धोते रहे]

हिस्टीरिया (उन्माद) :–ब्राह्मी, शंखपुष्पी, समभाग लेकर फाण्ट बनाकर रूचिनुसार शक्कर मिलाकर कुछ दिनों तक निरन्तर लेते रहना चाहिए।

नपुंसकता :–पुरूष को सहवास के समय उत्तेजना नहीं होती और होती है तो क्षाणिक, यह स्थिति नपुसंकता कहलाती हैं।

गिलोय साँचे, अभ्रक भस्म, हरमालाभस्म, छोटी इलाची, सौंठ व पीपर समभाग लेकर चूर्ण बना लेवे। यह चूर्ण उरती शहद के साथ प्रातः सायं सेवन करे। कम से कम दो तीन सप्ताह तक तो निरन्तर लेना ही चाहिए आवश्यकता समझे तो आगे भी निरन्तर रख सकते हैं। यह चमत्कारी बीजीकरण योग हैं।

वीर्य स्तम्भन :–गिलोय स्वरस एक तोला प्रतिदिन प्रातः सायं लेते रहे।

स्मरण शक्ति :–गिलोय, अपमार्ग, शखपुष्पी, शतावर, हरड़ समभाग चर्ण बनाकर एक तोला मिश्री मिले दूध के साथ लेवे।

नेत्र रोग :–

● गिलोय स्वरस, आँखों में टपकने से दुखती आँखें ठीक होती हैं। लाली मिट जाती हैं। अधिक पीड़ा हो तो गिलोय सत्व को आँवले के रस में मिलाकर आँखों में डाले।

● गिलोय स्वरस, शहद सेंधानामक इन सबका गाढ़ा लेप बना लेवे। इसे काजल की तरह आँखों में ओजने से समस्त नेत्र रोग दूर हो जाते हैं। नेत्र ज्योति

बढ़ती हैं।

श्लीपद :—गिलोय कल्क को सरसों तेल के साथ सेवन करने श्लीपद रोग में लाभ होता हैं।

ग्वारपाठा (घीक्वार, घृतकुमारी)

कृषकों के लिए वरादान :—भारतीय कृषकों के लिए परम्परित कृषि वर्तमान परिप्रेक्ष्य में बहुत महंगी पड़ रही हैं। अतः उन्हें कृषिकर्म छोड़कर शहरों की ओर पलायन करना पड़ रहा हैं। उन्हें अपनी उपज का पूरा मूल्य नहीं मिलता। मँहगीई के बोझ से दब कृषक कर्जदार होता जा रहा हैं। ऐसी कठिन परिस्थिति में यदि उसे कोई ऐसी फसल मिल जाय कि उसे न बिजाई के लिए बीज खरीदनी पड़े, न वर्षा के लिए आकाश की ओर टकटकी लगाए देखना पड़े, न खाद खरीदना देना पड़े न उसकी सुरक्षा के लिए बाड़, तारबंदी या दीवारे खींचनी पड़े और न देखना पड़े, न खाद खरीदना देना पड़े, न उसकी सुरक्षा के लिए बाड़, तारबंदी या दीवारे खींचनी पड़े और न खेत को बार--बार जोतन, बोना, काटना पड़े, न पानी की कमी का रोना रोना पड़े। साथ ही उसे अपनी मेहनत का कई गुणा अधिक पारिश्रमिक मिल जाय तो इससे बढ़कर प्रसन्नता की और क्या बात होगी। यह तो अप्रत्याशित ईश्वरीय वरदान ही है। वह वरदान—ग्वारपाठा।

इस भागप्रधान सभ्यता की अँधी दौड़ का सर्वाधिक कुप्रभाव कृषि और कृषकों पर देखने को मिल रहा हैं।

परिचय :—यह विशुद्ध जंगली पौधा हैं। अधिकतर शमशानों में देखा जाता हैं। लगभग चालीस पचास वर्षो से इसकी ओर लोगों का विशेष ध्यान आकर्षित हुआ हैं। इसे कृषिकरण के क्षेत्र में भी अपना लिया गया हैं। आज ग्वारपाठा यथेष्ट प्रचारित है औषधीय पौधों से सम्बन्धित इण्टरनेट पर आज सम्भवतः सर्वाधिक नाम ग्वारपाठे का ही हैं।

ग्वारपाठा, गुडुच्यादि वर्ग का दो—तीन फुट के लगभग ऊँचाई की झाड़ी हैं। इसे औषध ग्रन्थों में घृतकुमारी धीक्वार आदि भी कहते हैं। यह बहुवर्षीय पौधा हैं। भारत में सर्वत्र, सभी जलवायु में पाया जाता हैं।

इसके पत्ते मांसल, भाले, की तरह आगे से नुकीले दो तीन फुट लम्बे, किनारों पर पतले आरे की तरह कंटकित होते हैं। पुष्पिम ग्वारपाठा बहुत सुन्दर लगता हैं।

नाम वैविध्य :—लम्बे समय तक यह जंगली झाड़ी के रूप में उपेक्षित रहा किन्तु इसने अपनी विशेषताओं के कारण भारत में ही नहीं विश्वभर में अपनी नई वनौषधिय पहचान बनाली हैं। भारत के अलावा अस्त्र अन्य देशों खासकर अफ्रीका देशों के प्रान्तों में अलग अलग नाम से जाना जाता हैं।

भाषा	प्रचलित नाम
1. संस्कृत	कुमारी, घृतकन्या, घुत कुमारी • दीर्घपत्री, स्थूलदला, रसायनी
2. हिन्दी	ग्वारपाठा घीक्वार, पाठा
3. राजस्थानी	ग्वारपाठा
4. गुजराती	कुवारपाठा, कडवी कुंवार
5. पंजाबी	कुमारगेंदल, कुवांरिया
6. तमिल	चिराली, कोडियन, चिरूलकातरे
7. तेलगू	पिन्नगोरिष्ट कलबंद, चिकलवंटी
8. कन्नड़	लोथिसर
9. मरठी	कोरफल, कोरकाण्ड
10. उर्दू	घीकुआरा
11. अरबी	सब्बारत, मुसब्बर
12. अंग्रेजी	इण्डियन ऐलोरा
13. लेटिन	ऐलोवीरा (Alove Verma)
14. फारसी	दरख्तेसिल

रसायनिक संगठन :—ग्वारपाठा प्रायः 2 या 3 फुट की ऊँचाई का मांसल बहुपणीय झाड़ (पौधा) होता हैं। भूमि से कोई तना नहीं निकलता, जड दण्ड से पत्ते सीधे ही जुड़े होते हैं। पत्ते डेढ़ दो फुट लम्बे, बीच से मांसल गुदा युक्त किनारों से पतले एवं काँटेदार, आगे से नुकीले तलवार की आकृति के होते हैं। पत्तों पर हरी परत (छिलका) होती है। छिलके के अंदर कोमल रसयुक्त गुदा निकलता हैं। यह गुदा और गुदे से निकलने वाला लसलसा रस ही औषधीय गुण रखता है जिसके अनेको उत्पाद तैयार होते है। इसकी फसल के रूप में इन पत्तो को ही जाना जाता हैं।

इसके पत्तों मे लगभग 6 से 8 प्रतिशत एमिनो एसिड़ व कार्बोहाइड्रेस होते हैं। इसमें लगभग 92% पानी की मात्रा पाई जाती हैं।

पत्तों में पोषित इस गुदे से ही एलुवा तैयार किया जाता हैं। जिस प्रकार दूध को उबालकर मावा बनाया जाता है वैसे ही इसके रस से ''एलुआ'' बनाया जाता हैं। इसके रस में हल्की पीलाभ लिया ''स्फटिक–ग्लुकोसाइडस'' (Cristalline Glococide) होते हैं। ये ग्लुको साइडस जल में घुलनशील होता हैं। इसके अलावा **''आइसा बारबेलोन''** तथा बी–बारबेलोन, गेलिक एसिड़ एलोइमोडीन और रेसिन (Resin) आदि भी पाए जाते हैं।

रसायनशालाओं में अनुसंधानों द्वारा यह प्रमाणित किया गया है कि इसके पत्तों के गुदा में एक्स–किरणों के विकीरण द्वारा उत्पन्न हानिकारक प्रभावों को नष्ट करने की सामथर्य होती है।

पुष्प एवं पुष्पदण्ड :–इन पत्तों के ठीक मध्य से लम्बे डण्ठल के रूप में पुष्पदण्ड उठता हैं–उसमें पुष्प लगे रहते हैं।

ये पुष्प कोमल दण्डियों से लगे होते है जिन्हे गंदल, गांदले या फलियाँ कहते है। ये गंदल प्रायः जनवरी फरवरी में आया करते हैं। ये गंदल (फलियाँ) अँगुली के जैसे मोटे होते है। कोमल गंदलों की सब्जियाँ बनाई जाती हैं। इनकी ये फलियाँ (गांदले) मधुर तथा पित और कृमियों को नष्ट करने वाली होती हैं।

जड़े :–इनकी जड़े भूमि में मूसला जड़ की तरह गहरी नहीं उतरती, न झकड़ा जड़ों की तरह अधिक फेलती हैं। यह सिंचित असिंचित दोनों ही भूमि में पनपने वाला पौधा हैं।

वर्तमान में ग्वारेपाठे की माँग भारत में ही नहीं सम्पूर्ण विश्व में बढ़ रही है। सौदर्य प्रसाधनों का युग है और सौन्दर्य प्रसाधनों का आयुर्वेदिकरण हो रहा है जिसमें ग्वारपाठा अहम् भूमिका निभा रहा हैं। आज यह पौधा उपेक्षित नहीं रहा। इसकी विधिवत कृषि भी होने लग गई हैं।

ग्वारपाठा विशुद्ध वनौषधि है। यह पहाड़ों पर, पठारों पर बंजर, में नम और शुष्क भूमि में हरकही पनपने वाला बहुवर्षीय पौधा हैं। एक समय था जब लोग घरों के आस–पास या खेतों में ग्वारपाठा का उगना अपशकुन समझते थे। आज शहरों में हर एक मकान में चाहे वह छोटा हो या भव्य भवन, गमलों में ग्वारपाठा सजा हुआ प्रायः मिल जाता हैं।

प्रतिवर्ष इसका कृषि क्षेत्र विस्तृत हो रहा हैं। इसके प्रोसेसर्स, निर्यातक, दलाल आढ़ती, व्यापारी व एक्सट्रेडर्स भी निरन्तर बढ़ रहे है। यह भी सच्चाई हैं कि कुछ कृषक पूर्ण पूर्व जानकारी के अभाव में भावुकतावश इसकी खेती कर लेते हैं। किन्तु इसे कहाँ बेचे,, कैसे भण्डारित करे, कैसे बेचे–आदि अनेकों समस्याओं में उलझ जाते हैं–घाटे की मार खाकर निराश हो जाते हैं। अतः पूर्व में पूर्ण जानकारी कर लेना आवश्यक होती हैं।

इसकी कृषि के अनेकों प्रत्यक्ष अप्रत्यक्ष लाभ गिनाए जा सकते हैं।

1. अनुपयोगी पड़ी भूमि में पैदावार करके आय वृद्धि की जा सकती हैं।
2. बढ़ते हुए मरूस्थलों एवं परती भूमि की रोकथाम का यह अच्छा साधन हैं।
3. पूर्णतया असिंचित फसल होने के कारण सिंचाई से होने वाला समस्त व्यय बच जाते हैं। जैसे विद्युत, डीजल, भूगर्भीय जल सिंचाई के अन्य भौतिक

साधन आदि।

4. इस फसल को काई पशु नहीं चरता, न पक्षी हानि पहुँचाता हैं। इसे कतिपय रोगाणुओं से भी विशेष क्षति का भय नहीं।

5. कृषकों आर्थिक स्थिति को सुधारने हेतु एवं उनकी निराशा मिटाने हेतु यह उत्तम साधन हो सकता हैं।

6. एक बार बो देने के बाद कम से कम पाँच वर्षो तक तो आय का साधन बन ही जाता है। यह अतिरिक्त खर्च कुछ नहीं माँगता। हर तीसरे माह पत्ते काटो और बेचों, बस। प्रतिवर्ष खेत तैयार करने, बीज बोने आदि का कोई व्यय नहीं।

7. पूरे साल भर कृषिकार्य चलता रहता हैं।

8. कृषकों को पलायन प्रकृति पर अंकुश लगता हैं।

भूमि :—यद्यपि ग्वारपाठा की खेती असिंचित दोनों प्रकार की भूमि में सम्भव हैं। तथापि इसकी खेती परतपड़ी भूमि में ही करनी चाहिए। ऐसी जमीन जिसका आज तक कोई उपयोग नहीं हुआ, उस जमीन का सही उपयोग ग्वारपाठा की कृषि से सम्भव हैं। भूमि सामान्यतया पी.एच. मान वाली भुरभुरी हो तो श्रेष्ठ रहती हैं।

इसकी कृषि भूमि में पानी भरा नहीं रहना चाहिए तथा पानी की निकासी का यथोचित प्रबन्ध होना चाहिए।

पूर्व तैयारी :—भूमि मानसून आने से कुछ दिन पूर्व ही जुताई कर दी जानी चाहिए ताकि—भूमि मुलायम, ढ़ीली व पोली जो जाय?

मुलायम ढ़ीली पोली मिट्टी में हवा खुलकर खेलती हैं। रोपित फसल सहज ही जड़े पकड़ लेती हैं। पूर्व जुताई से भूमि में अनावश्यक पौधे जड़े व डंठल आदि उखड़ जाते हैं, नष्ट हो जाते हैं।

मिट्टी में दबे पड़े हानिप्रद कीटों के अण्ड़े, बच्चे लार्वा लटे आदि सतह पर आकर तेज धूप में मर जाते है या पक्षगण चुगकर खा जाते हैं।

खरपतवारों की जड़ें खुली हवा व धूप में नष्ट हो जाती हैं।

साथ ही ढ़ीली व भुरभुरी मिट्टी में हवा व उष्णता का संचार बिना किसी बाधा के होता रहता हैं जिससे भूमि की उर्वरकता बढ़ जाती हैं।

ग्वारपाठे की जड़े भूमि में अधिक गहरी नहीं जाती, फिर भी भूमि की एक डेढ़ फुट गहरी जुताई तो होनी चाहिए।

रोपण (बिजाई) :—इसकी बिजाई बीजों से नहीं होती हैं। कंदों/टयूमर्स को ही भूमि में दबाकर बिजाई की जाती हैं।

बीज पौध/कंद बाजार से लेने की जरूरत नहीं पड़ती/प्रायः जंगलों में

लगी झाड़ों की जड़ों के आस–पास के अनेको छोटे–छोटे पौधे अंकुरित हुए मिल जाते हैं। उन्हें ही जड़ समेत उखाड़कर खेत में रोप दिए जाते हैं।

एक एकड़ में कितने पौधे चाहिए इसका हिसब पौधों के बीच रखी जानी वाली पारस्परिक दूरी से सहज ही लगाया जा सकता हैं।

पौधे रोपण से पूर्व इन बातों का निर्णय कर लेना चाहिए–कि

1. भूमि कितनी हैं?
2. पौधों की परस्पर दूरी कितनी रखे?
3. अन्तर शस्य फसलें क्या बोनी है?

सामान्यतया ग्वारपाठा की परस्पर दूरी ढ़ाई या तीन फुट रखी जानी चाहिए।

एक एकड़ में 4,3560 वर्गफुअ होते है। एक मीटर में इसको दो पंक्तियाँ बनाकर उन में पौधे लगाने चाहिए। दो पंक्तियों में बोने के बाद फिर एक मीटर की दूरी छोड़ दी जानी चाहिए। इस छोड़ी हुई दूरी के बाद फिर एक मीटर में दो पंक्तियाँ बनाकर उनमें पौधे रोपने चाहिए। यह जगह कटाई मे सुविधा के लिए रखी जाती हैं। इन में अल्पायु अन्तर शस्य फसलें भी लगाई जा सकती हैं।

मेवाड़ वनौषधि विकास संस्थान, कामली घाट (राजसंमद) के सदस्य कृषक श्री नारायण फुलवारी और श्री माँगीलाल फुलवारी भीम ने अपने अनुगव से बताया कि एक मीटर में दो पंक्तियाँ लगाने की अपेक्षा डेढ़ मीटर में दो पंक्तियाँ लगाने से झाड़ को फैलने का अच्छा अवसर मिलता हैं।

यदि एक मीटर की दूरी छोड़कर एक मीटर में दो पंक्तियों में पौधारोपण किया जाय तो एक एकड़ में ग्वारपाठा के 14,000 पौधों से 16,000 पौधों तक की जरूरत होती हैं।

खरपतवार :–

कोई भी फसल हो उसे खरपतवारों से मुक्त रखा जाना आवश्यक हैं। खरपतवारें पौधों के विकास में कई तरह की बाधाएँ डालती हैं। मिट्टी का मिजाज तो बिगाड़ती ही हैं, फसल की खुराक में भी हिस्सा बटाती हैं। इससे फसल की गुणवत्ता प्रभावित होती हैं।

फसल के बीच उग आई खरपतवार को यथसम्भव हाथ से ही उखाड़ फेंकना चाहिए। कुलपा चलाकर भी खरपतवारों को नष्ट किया जा सकता हैं। ग्वारपाठा को कोई जानवर नहीं खाता हैं अतः खेत में बकरियाँ भेड़े आदि से चरने के लिए भी छोड़ी जा सकती हैं। ऐसे में ध्यान रखना होगा कि गाय आदि बड़े जानवरों के खुरो से मुख्य फसल क्षतिग्रस्त न हो जाय। अधिकांश किसान पशुओं का छोड़ा जान उचित नहीं समझते।

फसल–प्राप्ति (उत्पादन)

ग्वारपाठे का पौधा जब ठीक एक वर्ष का हो जाए तब से इसकी फसल लेना प्रारम्भ कर सकते हैं। इसकी फसल, इसके मांसल, लम्बे पत्ते ही हैं। प्रति तीसरे महिने इसके पत्ते जब पूर्ण परिपक्व हो जावे–तब इसे जड़ के पास से काट लेते हैं। परिपक्व होने का अर्थ हैं पत्तों में यथेष्ठ गुदा व रस भर जाना। पत्तों की ऊपरी परत (छिलका) हल्के भूरे या पीले पड़ने लग जाय, इससे पूर्व ही इन्हें काट लेना चाहिए। पत्तों को ही पाठा कहते हैं। केवल बीच के 2–3 कोमल पत्तों को छोड़कर शेष सभी पाठों को धारदार हँसियें से काट लेते हैं। जड़ के पास से काटते समय इस बात का ध्यान रखा जाना चाहिए कि पौधे की जड़ को आघात नहीं पहुँचे। तीन महिने की अवधि का अर्थ ही होता हैं कि पाठे परिपक्व हो गये हैं–काट लिए जाने योग्य हो गये हैं। इनको हरी अवस्था में रहते ही काट लिए जाय तो उसकी उचित कीमत मिल जाती है क्योंकि जब ये पूर्ण मांसल व रस से परिपक्व होते हैं इसके बाद रस सूखने लगता हैं–गुणवत्ता भी कम होने लगती हैं तो कीमत भी कम हो जाती हैं।

रस तत्व :–पूर्व में बताया गया हैं कि ग्वारपाठा के इन तलवारनुमा पत्तों का गुदा व रस ही इसकी उपलब्धि हैं–इसकी मात्रा व गुणवत्ता की कीमत हैं। प्रायः लोग इसके ऊपरी कठोर आवरण (छिलके) को उतारकर भीतर के रस भरे गूदे की सब्जियाँ भी बनाकर खाते हैं।

इसके रस में लगभग 92% बराणवे प्रतिशत पानी की मात्रा और 8% आठ प्रतिशत विभिन्न एमिनो एसिड्स तथा कार्बोहाइड्रेडस् पाए जाते हैं। ये एमिना एसिड्स लगभग 20 प्रकार के बताए जाते हैं। इन पाठों के रस से ''एलवा'' तैयार किया जाता हैं जिसमें ''ग्लूकोसाइड'' समूह होता हैं। यही मुख्य क्रियाशील तत्व हैं। इसका मुख्य एक घटक बारबेलाइन होता हैं। यह बारबेलाइन तत्व हल्की पीली आभा युक्त होता हैं जो पानी में घुलनशील होता हैं इसे **''स्फटकीय ग्लूकोसाइड''** (Crystalina Glucocida) कहते हैं।

● उत्पादन अनुमान

प्रति एकड़ कितना उत्पादन हुआ यह बात पौधो की दूरी और किस्म पर निर्भर करती हैं। राजसमंद जिले के वनौषधि उत्पादक कृषक–श्री नारायण फुलवारी ने 12,000 किलोग्राम वजन के पाठे प्रति एकड़ तक प्राप्त किए हैं। मेवाड़ वनौषधि विकास संस्थान कामलीघाट राजसमंद के उन्नत कृषक श्री हजारी सिंह (काछवली) और जयराम सिंह (कीटों को बाड़िया) ने प्रतिवर्ष 16,000 से 18,000 वजन तक पाठे प्राप्त करने की पुष्टि की हैं।

● **आय–(बिक्री) –बाधाएँ :–**

यद्यपि ग्वार पाठे का सौदर्य प्रसाधनों व औषधीय उपयोग के कारण माँग बढ़ रही हैं फिर भी अधिकांश कृषकों की शिकायत है कि उन्हे डेढ व दो रुपये किलो से अधिक कीमत नहीं मिलती। यह भी तब जबकि पहले से ही व्यापारी से सम्पर्क कर लिया जाय अन्यथा फसल पड़ी सूख जाती हैं। अतः किसी भावुकता में इसकी खेती न करके पूर्व मे ही व्यापरियों, संस्थाओं आदि से बिक्री की यथेष्ट व्यवस्था करके ही इसकी कृषि का विस्तार करे।

इस फसल के भण्डारण, संग्रहण, प्रोसेसिंग आदि की अभी कोई उपयुक्त तकनीक की सुविधाएँ उपलब्ध नहीं हैं। कहीं थोड़ी बहुत उपलब्ध हैं तो उसकी ठीक से जानकारी गाँवों के कृषकों तक नहीं पहुँच सकी हैं। पत्ते अधिक दिनों पड़े रखकर सूखने नहीं दिए जा सकते। इसके लिए अच्छा तरीका तो यही है कि इनको पत्तों से रस उपलब्ध कर एलुआ या मुस्सवर (सत्व) बनाकर उसे ही बेचे। एलुआ और 'सत्व' पड़ा भी रह जाय तो खराब नहीं होता।

रस प्राप्त करना व सत्व बनाना

रस निकालना :–ग्वारपाठे के पत्तों का रस निकालना होता हैं। इस प्रक्रिया हेतु नई विधिया ईजाद की जा रही है अब तक गाँवों में परम्परित विधि ही प्रचलित हैं।

ताजा काटे गए पत्तों को तेजधार के चाकू या कैंची से तीन–तीन या चार–चार इंच के टुकड़े काट दिए जाने चाहिए। इन काटे हुए टुकड़ों को किसी ऐरो पात्र में रख देते है जिसके नीचे छलनी की तरह के छिद्र हो। इस पात्र को भी बड़ी कड़ाई परात या भगोनी में रख इस प्रकार रख देते है कि दोनों के पैदों में 4–5 इंच की ऊँचाई रहे। दूसरे बड़े पात्र के पैंदे में छेद नहीं होने चाहिए। पाठे के टुकड़ों को लकड़ी के गोटे से दबाया जाता है, इस दबाव से कटे टुकड़ों में से रस निचुडने लगता हैं। यह रस नीचे के पात्र में इकट्ठा होता रहता हैं।

इस विधि से पाठों के टुकड़ों से सम्पूर्ण रस दोहन नहीं हो पाता। कुछ अंशों में रस ही जाता हैं।

एक स्वचालित यंत्र भी विकसित कर लिया गया हैं, जिससे सहज ही सम्पूर्ण रस प्राप्त कर लिया जा सकता हैं।

रस से मुसव्वर (सत्व) बनाना

जब कच्चा रस इकट्ठा हो जाए तो उसे मंद–मंद अग्नि पर गर्म करके एलुआ व सत्व बनाया जा सकता हैं। यह वैसी ही प्रक्रिया हैं जैसी गन्ने के रस को गर्म करके गुड़ बनाया जाता है। इस प्रकार जो ''रस–सार'' प्राप्त होता हैं उसे आयुर्वेद

में "यकृतवद कुमारी सार" कहते हैं। यह अपारदर्शक पदार्थ होता हैं। यह ठीक मोम जैसे पदार्थ होता हैं। इस गाढ़े पदार्थ को यदि पुनः तीव्र अग्नि में पकाते रहने से और भी गाठा पावडेर तरह बनाया जा सकता हैं। यह कुमारीसत्व हैं। यह धुंधला सा पारदर्शक पदार्थ होता हैं। इसे अनेको प्रकार की दवाईयाँ बनाने के काम में लिया जाता हैं। यह अब इस एलुआ तथा मुसव्वर (सत्व) को जब समय मिले, बाजार में सुविधानुसार जा कर बेचा जा सकता हैं।

वर्तमान में आयुर्वेद दवा निर्माताओं तथा सौन्दर्य प्रसाधन निर्माताओं द्वारा ग्वारपाठे से अनेकानेक नित्य नए उत्पाद बनाए जा रहे हैं अतः इसकी माँग प्रतिदिन तेजी से बढ़ रही हैं।

कतिपय कृषकों ने मिलकर सहकारी स्तर पर एलुआ और सत्व बनाना प्रारम्भ कर दिया हैं। कुछ पंचायत समितियाँ एवं स्वयं सहायता समूह भी भूमिका निभा रहे हैं।

ग्वारपाठा के औषधीय उपयोग

पहले बताया जा चुका हैं कि ग्वारपाठा में **क्रिस्टलीय ग्लूकोसाइड, बारबालोन एलोइन, आइसोबारबोलाइन, इमोडीन** इत्यादि रसायनिक घटक होते हैं। इसमें गेलिक एसिड़ के अलावा एक विशेष प्रकार का राल तथा सुगन्धित तेल भी होता हैं। इसके पत्तो का गुदा ओर रस ही नहीं, पत्तो का ऊपरी छिलका पुष्प तथा पुष्पदण्ड भी औषधीय महत्त्व रखते हैं।

ऐलो इण्डिका (Aloe-Indica) :–प्रजाति के ग्वारपाठे–जो दक्षिण भारत में चैन्नई से रामेश्वरम् तक पाये है–जिन्हें वहाँ भी भाषा में चिरुली पिन्नगोरिष्टकलबन्द के नाम से जाना जाता हैं–वे दाह–विवन्ध तथा ज्वररोधियों के उपयोग में लिए जाते हैं। इसकी तरह ऐला रूपेंसैस (Aloe-Rupescans) प्रजाति जो बंगाल के समुद्री तटो पर बहुतायत से पाए जाते हैं। वे पाचक मंदाग्नि अश, उदरशूल, आन्तशोध आदि के लिए अच्छी गुणवत्ता रखते हैं। बाल काले करने के तेल व क्रीम शेम्पों में इनका खूब उपयोग किया जाता हैं।

आयुर्वेद की दृष्टि से ग्वारपाठा शीतल, विरेचक, धातु परिवर्तक, मज्जावर्धक कामोदीपक, कृमिनाशक और विषनाशक होता है। नेत्ररोग अर्बुद, तिल्ली, ज्वर विसर्प, चमरोगों पित्त रोगों, कुष्ठ, पाण्ड, पथरी, व्रण आदि में लाभ दायक हैं। इसकी फलियां मधुर तथा पित्त और कृमियों को नष्ट करने वाली हैं।

यूनानी पद्यतिके अनुसार ग्वारपठा पित्त और कफ की खराबियों को दस्त के रास्ते निकाल फेंकता हैं। तिल्ली–उदरशूल में उपयोगी हैं। कामेन्द्रिय को शक्ति देता हैं। पाचन क्रिया को तीव्र करता हैं। स्त्रियों की मासिक धर्म की रूकावट को

दूर करने के लिए ग्वारपाठे के समान दूसरी औषधि नहीं हैं।

● कब्ज को दूर करने के लिए ग्वारपाठा के पत्तें (पाठे) के ऊपरी छिलका हटाकर गुदे पर हल्दी पावडर छिड़ककर 100 ग्राम कम से कम कच्चा ही खा जाने से कम कच्चा ही खा जाने चाहिए। कुछ दिनों तक सेवन करते रहे जब तक शौच पुनः सही व नियमित न हो जाय।

● सूखे पत्ते के गुदे का चूर्ण बनाकर उसमें 1/4 मात्रा में सेंधा नमक मिलाकर एक चम्मच की खुराक सोते समय गुनगुने पानी के साथ पी लेने से भी कब्ज की शिकायत नहीं रहती।

स्त्री रोगों में ग्वारपाठा :–

● ग्वारपाठे का ताजा रस निकलाकर मासिक धर्म के पाँच–छह दिन पूर्व दो–दो चम्मच प्रातः सायं सेवन करने से मासिक धर्म की रूकावट नहीं होती पीड़ा से भी मुक्ति मिलती हैं।

● घृत कुमाररसव नामक औषधि मासिक धर्म की पीड़ा से मुक्ति दिलाती हैं।

● मासिक धर्म बाधित व अनियमित होने से गर्भाधान प्रक्रिया भी प्रभावित होती हैं। ऐसी स्थिति में ग्वारपाठे के ऊपरी छिलके पर हल्दी चूर्ण छिड़ककर गर्म करके पेट पर नाभि के नीचे बाँध दिया जाना चाहिए साथ ही रस भी दो दो चम्मच प्रातः संध्या सेवन करते रहना चाहिए। कम से कम चार पाँच दिनों तक यह प्रक्रिया की जानी चाहिए। इससे मासिक धर्म खुलकर होगा व नियमित होने लगेगा।

● **रजावरोधक** केपसूल भी गर्ग औषधि भण्डार विजयगढ़ द्वारा मिर्मित किए जा रहे हैं। इसी तरह आयै औषध फर्मास्युलिकल्स (इन्दोर) द्वारा रससाइन तथा दीनदयाल औषधालय (ग्वालियर) द्वारा निर्मित ऋतु रूजाहर नाम की टेबलेटस् भी निर्मित की जा रही हैं।

● ज्वर

● ग्वारपाठे के एलुआ के साथ अन्य औषधत्व मिश्रित कर सिद्धि फार्मेसी द्वारा ज्वारशामक ज्वरीना नाम से टेबलेस् निर्मित की जा रही हैं। इसे ''कालीकुनैन'' टिकिया भी कहा जाता हैं।

● घृतकुमारी नाम से ज्वरनाशक इन्जेक्शन भी बनाए जा रहे हैं।

बवासीर

● ग्वारपाठे रस, हल्दी चूर्ण मिलाकर दो–दो चम्मच प्रातः सेवन के साथ ग्वारपाठा के ताजे गुदे को बवासीर में लगाते रहने से आराम मिलता हैं।

● गंधक नामक वनस्पति के काढ़े में एलुवा इसमें साँप की केचुली का चूर्ण

डालकर बवासिर के मस्सों पर जंप करने से बवासीर नष्ट हो जाते हैं।

मधुमेह :—यूनानी पद्यति में माना जाता है कि इसका गुदा, सतगिलोय के साथ खाने से मधुमेह में लाभ होता हैं।

नेत्र रोग :—ग्वारपाठे के गुदे में हल्दी चर्ण मिलाकर गर्म करके पैरों के तलवे से दुखती आँखों को आराम मिलता हैं।

खाँसी, जुखाम, कफ :—कफ जमा होता हैं तो खास–खास कर आतें दुखने लग जाती हैं जब तक कफ न निकले रोगी छटपटा जाता हैं। ऐसी स्थिति में ग्वारपाठे का रस हल्का गर्म करके छाती पर व पीठ में मिलना चाहिए। इसके साथ ही गुदे को गर्म करके शहद व अदरक की चटनी बनाकर गर्म–गर्म चाटने से भी खाँसी जुकाम कफ आदि शीघ्र ठीक हो जाते हैं।

जोड़ो के दर्द :—घुटनो, कंधो आदि जोड़ों के दर्द में ग्वारपाठे के पत्ते छीलकर गर्म करके बाँधना चाहिए।

जलने पर :—जले हुए स्थान पर ग्वापाठे का गूदे का लेप लगाने से दाह शान्त होती हैं।

अस्थमा (स्वांस) :—'डुपिन सीरप' अस्थमा मे लाभदायक हैं। यह 'साण्डू ब्रदर्स' कम्पनी द्वारा निर्मित है।

उदर शूल, आफरा, अजीर्ण :—

● ग्वारपाठे के सूखे छिलके का चूर्ण, अजवाइन का चूर्ण, व सेंधा नमक मिलाकर फांकी लेने से उदरशूल में आराम मिलता हैं।

● जलोदर यकृतोदर प्लीहोदर आदि रोगों में चार चम्मच घृतकुमारी रस दुगने गौ मुत्र में मिलाकर पिलाने से लाभ होता हैं।

● **हृदय रोग** :—हृदय रोगियों के लिए "आयुर्झाइम ग्रेन्युक्स" नामक औषधि निर्माण शाला राजकोट द्वारा निर्मित हैं।

दंत रोग :—ग्वारपाठे के छिलके का भीतर भाग दाँतों पर मलने से तथा चबाने से दाँतों की पीड़ा दूर होती हैं।

● ग्वारपाठे के सूखे पत्तों, का चूर्ण बनाकर उसमें सैंधा नमक मिलाकर दंतमंजन बनाया जा सकता हैं।

● व्रण :—घाव होने पर, उसमें रक्त या पीव बहने, पर सद्यव्रणबन्ध नामक मरहम बाजार में उपलब्ध हैं।

● व्रण में कीड़े पड़ गए हो या दुर्गन्ध आती हो तो घृतकुमारी की जड़ को गोमुत्र में धिसकर लगाना चाहिए।

रक्तगुल्म :—महिलाओं को होने वाले रक्तगुल्म का उदर में हुई गाँव में

घृतकुमारी की गर्म रस पुराने गुड के साथ मिलाकर प्रतिदिन दोनों समय खिलाना चाहिए।

सूजन :—ग्वारपाठे का गुदा, आंबी हल्दी और सफेद जीरा मिलाकर सूजे हुए स्थान पर लेप करने से सूजन बिखर जाती हैं।

विशेष :—इसके सेवन हेतु पत्र रस से की एक खुराक 10 से 20 मि. लीटर से अधिक नहीं हो। तथा एलुवा की एक मात्रा 0.1 से 03 ग्राम से अधिक नहीं हो।

सनाय (सोनामुखी)

(Tinospora Cordifolia)

वनौषधीय जड़ी बूटियों में सनाय भी एक लोकप्रिय बहुप्रचलित औषधि हैं। आज आयुर्वेद पद्यति का जिस गति से विस्तार हो रहा हैं, उसी गति से वनौषधीय पौधे का कृषि क्षेत्र भी विस्तारित हो रहा हैं, जैसे सफेद मूसल, सनाय, अश्वगंधा, कोंच आदि। इन जड़ी बूटियों की चिकित्सा से रोग, मूल रूप से समाप्त किए जा सकने का विश्वास वैश्विक स्तर पर बढ़ा हैं तो एलोपैथिक से विश्वास कम होता जा रहा हैं। अमेरिका और यूरोप जैसे देश भी यह मानने लगे है कि आधुनिक स्वास्थ्य पद्यति में शुगर, माइग्रेन, सारोसित, कैसर आदि असाध्य रोगों को जड़मूल से नष्ट हो जाय इसका कोई विश्वास नहीं है, जबकि देशी जड़ी बूटियों के उपचार से यह भी सम्भव हैं। ऐसी चमत्कारी दिव्य वनोषधियों में सनाय किसी से अपरिचित नाम नहीं हैं।

यह मेहन्दी की तरह का बहुवर्षीय पौधा हैं यह मूल रूप में अरब मूल का पौधा है। कुछ लोग इसे अफ्रीका मूल का मानते हैं। इसकी आज भी सर्वाधिक प्राप्ति प्राकृतिक रूप से द. अरब सूडान सोमालिया आदि में है। भारत में यो तो सर्वत्र कम या अधिक पाया ही जाता है तथा विशेष रूप से गुजरात राज्य के भुज क्षेत्र में अधिक उपलब्ध हैं।

सनाय ऐसा नाम है जिसके अनेक उपयोग ग्रामीण औरते भी जानती हैं। वनौषधीय पौधों की माँग बढ़ने के साथ इसके कृषिकरण का क्षेत्र भी निरन्तर बढ़ता जा रहा हैं। राजस्थान में जोधपुर के पास तो एक पूरा गाँव ही सोनामुखी नगर के नाम से जाना जाता हैं। यहाँ राजस्थान एग्रो फोरेस्टी कार्पोरेशन वनौषधियों की कृषि, एवं अनुसंधान के क्षेत्र में विश्व में अपनी पहचान बनाने में लगा हैं।

नाम वैविध्य

हिन्दी — सनाय, सोनामुखी

संस्कृत	–	स्वर्ण, मार्कण्डी
बंगाली	–	सोनपात, सन्नामकी
मराठी	–	सोनामखी
तेलगू	–	सुनाकुकी, नेलतमेदु
गुजराती	–	मींढ़ी आवल, मेंदी आवल
कन्नड	–	नेलावरिके
अंग्रेजी	–	इण्डियन सेन्ना, टिभेवेल्ली सेना
वनस्पतिक	–	केशिया अगस्टी फोलिया

सनाय लेगुमीनोस (**Leguminosse**) वर्ग की वनस्पति हैं। भारत में वर्तमान मे मुख्यतया तमिलनाडू के तिरूवेनवेली, रामनाथपुरम मदुराई सेलम तथा त्रिचनापल्ली क्षेत्रों उपलब्ध हो रही हैं।

राजस्थान में, प्रमुख केन्द्र जोधपुर को सोनमुखी नगर, पाली, नागोर, जालोर, जैसलमेर, चूरू, बाड़मेर में ही नहीं, थोड़ी बहुत कृषि सर्वत्र होने लगी हैं। इसकी कृषि भी बेकार पड़ी भूमि में, रेतीली भूमि में क जाना लाभप्रद हैं। इसे केवल मिट्टी या रेत, हवा और धूप चाहिए। न पानी न खाद न सुरक्षा के साधन। ग्वारपाठा की तरह इसे भी कोई पशु नहीं खाता। रेगीस्तान के लिए तो यह फसल वरदान सिद्ध हो रही हैं।

यो तो यह पौधा बहुवर्षीय है किन्तु जलवायु तथा कतिपय भौगोलिक कारणों से कहीं–कहीं एक वर्ष का ही माना जाता हैं। दक्षिण भारत में तमिलनाडु के तिरूवैनवैली, रामनाथ पुरम, सेलम, आनन्द में एक वर्ष में तीन फसलें लेने के बाद खेत को जोत दिया जाता हैं।

प्रमुख प्रजातियाँ

"मेवाड़ वनौषधि विकास संस्थान" कामलीघाट, राजसमंद, के निदेशक स्व. श्री केसर सिंह रावत के अनुसार विश्व में सनाय की निम्न प्रजातियों की पहचान हुई हैं।

1. कैशिया पेसिफिका
2. कैशिया इण्डोफोलिया
3. कैशिया–ओबोवाटा
4. कौशिया–एकुटीफौलिया डिलाइट
5. अरबी सनाय
6. इण्डियन सेन्ना
7. केशिया इटेलिया

''केशिया पेसिफिका'' पेसिफिक सागर के पश्चिमी तट के द्वीपों में, ''कैशिया–इण्डोफोलिया'' द्वीपों, में कौशिया इटेलिया इटली आदि में पाई जाने वाली प्रजातियाँ हैं। अफ्रीका में उपलब्ध प्रजातियाँ ''केशिया–एकुटीफोलिया डिलाइट हैं। केशिया ''ओबेवाटा'' सम्भवतः यूराल क्षेत्र में पाई जाने वाली छोटी जाति की प्रजाति हैं। अरबी सनाया को ''मुम्बई मक्का'' भी कहते हैं। इन सभी प्रजातियों में औषधीय महत्व की दो प्रजातियां है–(1) इण्डियन सैना या कैशियाअंगोस्टी फोलिया डिलाइट। पहली प्रजाति ''इण्डियन सेन्ना'' जिसे ''कैशिया अंगस्टोकोलिया'' भी कहते है। इसकी मूल उत्पत्ति स्थल तमिलनाडु में तिरूवेनवेली क्षेत्र माना जाता है। इसी के नाम से इसे भी **''तिरूवेनबेली सेन्ना''** कहा जाता हैं। इस प्रजाति का औषधीय महत्व विश्व में सर्वाधिक हैं। अब इसकी उपज अनेक प्रान्तों में ला जाने लगी हैं। राजस्थान में इसके प्रसार प्रचार सम्पूर्ण श्रेय यदि किसी संस्था को जाता हैं तो वह हैं–''राजस्थान एग्रो फोरेस्ट्री कारपोरेशन, जोधपुर।'' इस कार्पोरेशन के निदेशक के श्री नारायण दास प्रजापति ने सबसे पहले सन् 1990 में सनाय की खेती का श्रीगणेश किया था। आज जोधपुर, बाड़मेर, जैसलमेर, नागोर, सिरोही आदि रेगिस्तानी जिलों के अनेक छोटे–छोटे गाँवों में भी इसका विस्तार होता जा रहा हैं।

सफेद मूसली की तरह सनाय भी निर्यातक फसल है। जिससे पर्याप्त विदेशी मुद्रा अर्जित हो रही है, भविष्य में अधिक निर्यात की सम्भावना हैं–इसके निर्यात के चार वर्ष वे अनुमानित आंकड़ें निम्नानुसार है–

सन् 2000 – 2001 =7.500 टन
सन् 2001 – 2002 =7.500 टन
सन् 2002 – 2003 =7.800 टन
सन् 2003 – 2004 =8.000 टन
सन् 2004 – 2005 =8.000 टन

ये आंकड़े पूर्णतया अनुमानित है तथापि इसमे यह स्पष्ट हो जाता हैं कि इसके अधिक विस्तार की पर्याप्त सम्भावना हैं।

भारत में सनाय की उन्नत किस्मों की के प्राप्ति के निरन्तर अनुसधान किए जा रहे हैं। वर्तमा में इसकी दो उन्नत किस्में प्राप्त की जा चुकी है :–

1. सोना सनाय – सीमेप लखनऊ
2. आणन्द लेट – गुजरात कृषि विश्वविद्यालय आणंद

दोनों ही किस्मों को विश्व बाजार में आज 15,000 टन से अधिक की माँग हैं।

(रसायनिक संगठन) (वानस्पतिक संगठन)

रसायनिक संगठन :– सनाय पौधे में निम्न "ग्लाइकोसाइडस" एवं अन्य योगिको की उपस्थिति विशेषज्ञों द्वारा संपुष्ट हैं :–

1. सेनासाइड – 'ए'
2. सेनासाइड – 'बी'
3. फब्टास
4. पिनिटोल
5. ग्लूकोज
6. मेनीटाल
7. पोटेशियम टलरेट

सेनासाइडस् की मात्रा पत्तियों व फलियों के अतिरिक्त तने में भी पाई गई हैं। फलियों में अपेक्षाकृत अधिक मात्रा होती हैं।

वानस्पतिक संगठन :–यह पौधा शुद्ध रूप से वनौषधि हैं जंगली हैं। जंगलों से खेतों तक इसकी पहुँच का इतिहास शायद 50–60 वर्षों से पुराना नहीं हैं। इस का औषधीय उपयोग यूनान में तो 3000 वर्ष पूर्व होना पाया जाता हैं। भारत में इसकी जानकारी यूनानी हकीमों द्वारा 1400 वर्ष के लगभग हुई। भारत में पहुँचा होगा। यह रेचन, विरेचन गुण सम्पन्न होने के कारण समस्त चिकित्सा पद्तियों में इसका उपयोग हो रहा हैं। अपने क्षेत्र में इसका एकछत्र शासन हैं।

इसका पौधा सामान्यतया 3 से 4½ फुट तक की ऊँचाई का देखा गया हैं। यह ग्वारफली के पौधे से बहुत मिलता जुलता हैं। मुख्य तना एक ही होता हैं–उसमें शाखाएँ प्रशाखएँ अधिक नहीं निकलती।

इसका कृषिकरण हेतु उपयोग पंचवर्षीय ही है तथापि यह आठ नौ वर्ष तक रह सकता हैं। पौधे उखाड़कर पुनः खेतों को हाँक दिया जाता हैं। डंठल काम में नहीं आते है उन्हें ईंधन में उपयोग में लिया जाता हैं। यह फसल शुरू में 60–70 दिनों बाद पहली बार, फिर 40–55 दिनों बाद निरन्तर ली जा सकती हैं। ठीक महंदी की तरह ही इसकी कटाई होती हैं। समय पर कटाई नहीं हो तो तने के नीचे के पत्ते पीले पड़ने लगते हैं। उत्पादन प्रभावित होता हैं।

पत्ते :–इस पौधे के पत्तियों व फलियों का ही औषधीय महत्व हैं। पत्ते हरे ही उपयोग में आते हैं। पत्ते अण्ड़कार 7–8 मिली मीटर चौड़े व चौड़े होते हैं। ये संयुक्त रूप से 1 से 7 जोड़े होते हैं। बाजार में सनाय माँगने पर इसके पत्ते ही मिलते हैं। पत्तों में सोनासाइड 'ए', सेना साइड बड़े नामक ग्लाइको साइडस् के अतिरिक्त ग्लूकोज फ्रन्टोज, पिनिटोल तथा अन्य योगिको में पोटेशियम टर्टारेंट

आदि पाए जाते हैं।

एक वर्ष में एक एकड़ में **225** से **250** किलो पत्तियां प्राप्त की जा सकती हैं।

पत्तों की फसल प्राप्त करने के लिए तनों को ही पाँच छह इंच जमीन के ऊपर से काटकर तनों समेत साफ भूमि पर या नीचे तिरपाल बिछाकर सूखाते है। सूखे पत्ते बिकते हैं, इन्हें पिसाई संयंत्र द्वारा पीसकर पावडर बनाकर भी बेच सकते हैं।

फूल:–इसके फूल पीले रंग के होते हैं। दो तीन माह की उम्र के पौधे में फूल आने शुरू हो जाते हैं।

फलियाँ :–इसकी फलियाँ एक से दो इंच लम्बी, चपटी व छोटी होती हैं। फलियों का भी औषधीय महत्त्व हैं। इनसे भी सेनोसाइड तत्त्व पर्याप्त मात्रा में प्राप्त होता हैं। एक वर्ष में 4 फसलें ली जाती हैं तो एक एकड़ में 350 किलो फलियाँ प्राप्त की जा सकती हैं।

सेनोसइड मात्रा– पत्तियों में –3%
फलियों मे– 4.5%

बीज :–सनाय के बीज राई के बीजों से मिलते जुलते होते हैं। फलियाँ जब तक पक जाती हैं–बादामी भूरी पड़ जाती हैं, तोड़कर धूप में सुखा देते हैं। पूरी तरह सूख जाने पर फलियों के छिलके हटाकर बीज निकाले जाते हैं।

कृषिकरण

यह बताया जा चुका हैं कि सनाय ऐसी लाभदायक फसल हैं जो गाय भैंस, बकरी, हिरण नीलगाय आदि से सुरक्षित हैं। इसे खाद पानी भी नहीं चाहिए, न उपजाऊ मिट्टी, वाले खेत। पानी की कमी भारत की ही नहीं, विश्व की समस्या हैं। किसान कर्जो और वृद्धि रत्त महंगाई के बोझ से दबकर आत्महत्या तक करने को मजबूर हो रहे हैं। ऐसे समय में सनाय और ग्वारपाठा जैसी फसलें किसानों के लिए जीवनदाता सिद्ध हो सकती हैं। विशेष रूप से राजस्थान के परिप्रेक्ष में फिर पाँच वर्षों तक बिना किसी खर्च के प्रति 4 माह बाद फसल मिलती रहती है। अनुपयोगी और रेतीली भूमि का इससे बढ़कर श्रेष्ठ उपयोग और क्या होगा। कृषकों को ऐसी फसलों को अपनाने में आगे आना चाहिए। एक बात यह भी सिद्ध हुई है कि अनुपजाऊ भूमि में सनाय की फसलें लेने से भूमि का उपजाऊपन बढ़ता हैं। मरूस्थलों को बढ़ने से रोकने हेतु, और रेत के उड़ते टीबों के स्थरीकरण के लिए तो यह वरदान हैं।

बिजाई का उपयुक्त समय :–अधकांश फसलें मैदानी भागों में वर्षारम्भ से पूर्व बोई जाती हैं किन्तु सोनामुखी की फसल वर्षा के अन्तिम दिनों में या बाद में

बोई जाती हैं। वर्षान्त के ठीक बाद अर्थात सितम्बर महिना इसके उपयुक्त समझा जाता हैं। उस समय जमीन में वर्षा की नमी का प्रभाव बना रहता हैं, व नमी ही इसके अंकुरण के लिए पर्याप्त होती हैं। रेगिस्तानी भागों में पहली वर्षा या दूसरी वर्षा के बाद बो दी जाती हैं।

भूमि :—मैदानी भागों में अधिक भारी व चिकनी मिट्टी इसके लिए सर्वथा अनुपयुक्त मानी जाती हैं। दोमट मिट्टी इसके अनुकूल रहती हैं। रेतीले भागों भी इसकी फसल सफलतापूर्वक ली जा रही हैं। बंजर भूमि, जिसमें अन्य फसले नहीं हो पाती हो, उसे ही इसकी कृषि के लिए चुने तो किसानों को लाभ ही लाभ हैं। उपजाऊ भूमि में खाद्यान्नों तिलहनों आदि की फसलें लेते रहे। रेतीली, मुरम तथा लाल मिट्टियाँ जिसमें जीवांश की पर्याप्त उपलब्धता हो, ऐसी भूमि सनाय के लिए अधिक उपयुक्त रहती हैं।

भूमि की पूर्व तैयारी :—यों तो बिना विशेष तैयारियों के भी इसकी बुवाई की जा सकती है तथापि अधिक व अच्छी फसल प्राप्त करने के लिए, चाहे कोई भी फसल हो, भूमि की पूर्व तैयारी अर्थात अनुकूल वातावरण बनरा लेना चाहिए। तदर्थ खेत की एक डेड फुट गहरी जुताई करके उस पर पाटा चला देना चाहिए। ताकि भूमि मुलायम, ढ़ीली व पोली हो जाए।

खाद :—इसमें रसायनिक खाद देना वर्जित हैं। यदि खाद देना चाहे, सामर्थ और साधन हो तो गोबर की ठीक से सड़ी हुई खाद, कम्पोस्ट खाद या हरीखाद देनी चाहिए। इसमें भूमि को पोषक तत्वों की खुराक भी मिल जाती हैं। खाद डालकर पाटा चला देने से खाद कच्ची न हो, अन्यथा उसमें सूण्डी दीमक आदि हानिकारक कीट पैदा हो जाएंगे। मुलायम ढ़ीली पोली मिट्टी में हवा का पहुँच सहज हो जाती है—हवा खुलकर खेलती हैं। रोपित फसल के बीज या कंद सहज ही जड़ पकड़ लेने में समर्थ रहते हैं।

इस प्रकार एक—दो जुताई इसलिए भी आवश्यक हैं कि भूमि में छिपे अनावश्यक खरपतवार, जड़े डंठल आदि उखड़कर नष्ट हो सके।

मिट्टी में दबे पड़े हानिप्रद कीटो के अण्डे, बच्चे लार्वा, लटें या इनके डिम्ब आदि सतह पर आकर तेज धूप के सम्पर्क से नष्ट हो जाते हैं।

साथ ही ढ़ीली व भुरभुरी मिट्टी से हवा व उष्णता का संचार बिना किसी बाधा के होता रहता हैं। जिससे भूमि की उर्वरता कई गुनी बढ़ जाती हैं।

जलवायु :—सनाय की खेती के लिए शुष्क जलवायु की आवश्यकता होती हैं। अच्छी पैदावार होती हैं। यहाँ तक कि मरूस्थलीय भागों में भी सफलता से इसकी फसलें ली जा रही हैं। इसके लिए न्यूनतम 4^0 और अधिकतम 50^0 डिग्री

सेल्शियम तापमान चाहिए।

बीज की मात्रा :–इसकी बिजाई के लिए यदि 30X30 से.मी. पौधे की दूरी बनाए रखना जरूरी होता हैं। यदि इस हिसाब से बीज बोऐ तो एक एकड़ में 4 किलोग्राम बीज की आवश्यकता पड़ती हैं। बीजों की उन्नत किस्म ही बोनी चाहिए। बीजों में यदि कोई कटा/टूटा, खराब नजर आवें तो छाँट लेना चाहिए। फिर भी सनाय के बीजों 60–65 प्रतिशत ही उग पाते हैं। कुछ पौधे उगने के बाद कुछ कारणों से मर जाते हैं। बिजाई की दोनों की विधियाँ काम में ली जाती हैं।

1. सीधी बीजों द्वारा बुवाई
2. नर्सरी से पौधा लाकर रोपण करण

इन दिनों पंचायत समितियों में भी सनाय के उन्नत बीज उपलब्ध करवाए जा रहे हैं। वन विभाग और राज्य औषधीय पादप बोर्ड की प्रेरणा से नर्सरिया भी विकसित की जा रही हैं। इसके बीज बहुत छोटे होते हैं। अनुमान हैं कि 1 किलोग्राम में लगभग 15000 बीज हुआ करते हैं। इसके बीज कठोर हुआ करते हैं अतः बिजाई से पूर्व भिगों लेना पड़ता। मेवाड वनौषधि विकास संस्थान कामलीघाट (राजसमंद) द्वारा सोना जाति के बीज 135/–के लगभग बेचे जा रहे हैं।

बीजाई विधि :–प्राथः इसकी बिजाई बीजों से ही सीधी की जाती हैं। इसके बीजों का कठोर आवरण अंकुरण में बाधक होते हैं अतः सहज अंकुरण के लिए यदि इन्हे कम से कम 6 घण्टे अधिक से अधिक 10–12 घण्टे भीगो देना चाहिए।

सनाय के बीजों की छिटकाव विधि से बिजाई की जाती हैं। इन दिनों अधिकांश लोग पौध लगाकर बिजाई कर रहे है किन्तु यह विधि अतिरिक्त व्यय और श्रम खाती हैं। प्रायः एक एकड़ में चार किलोग्राम के आस–पास बीज की जरूरत होती हैं।

नर्सरी :–मार्च में छायादार जगहों पर, उठे हुए बेड्स बनाकर बीजों को उसमें बोने हेतु डाल दिये जाते हैं। 10–15 दिनों में बीज अंकुरित हो जाते हैं नर्सरी में से खरपतवार निकाल देनी चाहिएं जब पौधा 25–30 से.मी. का होता है तब उसे। खेतों में 30X30 या 30X45 से.मी. दूरी पर रोपण कर देना चाहिए।

बिजाई किसी भी विधी से करे किन्तु इस बात का ध्यान रखे कि पौधे अधिक नजदीक नहीं रहे अन्यथा इसके उचित विकास में तो बाधा आती ही हैं, कटाई में भी बाधा आएगीं अतः इनमे परस्पर दूरी एक फूट से अधिक ही होनी चाहिए, कम नहीं।

बीज भूमि में 2 से.मीटर के लगभग गहरे ही बोवे। अधिक गहरे बीज अंकुरण

में अधिक समय तो लेते ही ही हैं कुछ का अकुंरण होता ही नहीं ! यो भी बीजों का 60–65 प्रतिशत ही अंकुरण होता हैं।

अंकुरण के बाद भी खेत में घूमकर देख लेना चाहिए कि बीजों की दूरी समान एवं पर्याप्त हैं, यदि कही अधिक पास–पास उगे हुए लगे तो कुछ पौधों को उखाड़ लेवें यही जड़ समेत बाहर आ गए हो तो पुनः अन्यत्र रोपण कर लेवे क्षतिग्रस्त लगे तो फेंक देवे। सही भीगे हुए बीज भूमि से 8–10 दिनों में अकुंर निकाल देते हैं।

सनाय की दो उन्नत किस्मे इजाद की गई हैं :–

1. "सोना" सनाय बीज –द्वारा सीमेप लखनऊ
2. "आनन्द लेट" सनाय बीज –द्वारा गुजरात कृषि विश्वविद्यालय, आनंद

दोनों ही तरह के बीज राजस्थान में उचित भूमि पर और उचित परामर्श के साथ प्राप्त करने का एक मात्र स्थान–राजस्थान एग्रो फोनेस्ट्री कार्पोरेशन, सोनामुखी नगर, जोधपुर हैं।

राजस्थान एग्रो फारेस्ट्री कार्पोरेशन :–यह कार्पोरेशन जोधपुर के सांगरियफाटा के पास निर्मित है। यह सोनामुखी के उत्पादन, अनुसंधान के लिए ही नहीं समस्त वनौषधीय कृषि के लिए अनुंसंधान क्षेत्र में राजस्थान में एक मात्र गौरवशाली संस्थान हैं। जिसमें सोनामुखी नगर ही बसा दिया है जो आज जोधपुर मण्डल के जिलों में बाडमेर, जैसलमेर, पाली, जालोर व सिरोही में सोनामुखी की खेती करने वाले परिवारों की संख्याँ 7 लाख से ऊपर पहुँच चुकी हैं। **सन् 1990 में सर्वप्रथम श्री नारयण दास प्रजापति ने पाली जिले के सिण्गारी गाँव के एक एकड़ खेत में इसकी खेती कर के भुरूआत की थी।**

(अमलतास–जुलाई 2006)

इस कार्पोरेशन ने "उपवन–ग्रन्थालय" के नाम से वनौषधी कृषि की प्रेरणार्थ सैकड़ों पुस्तकों का प्रकाशन भी किया हैं। यहाँ से औषधीय पौधों के कृषिकरण का विपणन की मात्रा हिन्दी मासिक पत्रिका **"अमलतास"** का प्रकाशन भी किया जा रहा हैं।

निराई–गुडाई :–पौधों की अच्छी बढ़वार हो सके तथा पोषक तत्वों की पूरी मात्रा पौधों को मिले इसके लिए आवश्यकतानुसार निराई–गुडाई करते रहने की आवश्यकता हुआ करती हैं। कोई भी फसल हो उसे खरपतवारों से मुक्त रखना चाहिए। खरपतवारें फसल की बढ़त में बाधक तो है ही, मिट्टी का मिजाज भी बिगाड़ देती हैं जिससे फसल की गुणवता पर बुरा प्रभाव पड़ता हैं। कम क्षेत्र हो तो यथासम्भव हाथ से ही फसल की निराई गुडाई करनी चाहिए। "कुलपा"

चलाकर भी खरपतवारों को नष्ट किया जा सकता हैं। सनाय को कोई, बकरी, गाय, भैंस, हिरण आदि कोई पशु नहीं खाता अतः इन्हें खेत में, छोड़ दिया जाने से ये पशु खरपतवारों को मजे से चरकर साफ कर लेते हैं। किन्तु इससे मूल फसल को पशुओं के खुरों से कुचले जाने या पशुओं के बैठने से भी मूल फसल को हानि होने की सम्भावना रहती हैं। अधिकांश कृषक इसे ठीक नहीं समझते। अतः "कुलपा" कर ही खरपतवारों को निकालना अधिक सुरक्षित तरीका हैं। यदि बिजाई हेतु बीज प्राप्त करने हो जो कुछ पौधों को तब तक नहीं काटें जब तक फलियाँ सूखें नहीं। पकी हुई फलियाँ तोड़कर धूप में सुखा ली जाती हैं। उनसे बीज प्राप्त कर सुरक्षित रख देने चाहिए।

सिंचाई :—इसकी जड़े भूमि में गहरी उतरकर नमी ग्रहण करने में समर्थ हैं। अतः इसे सिंचाई की आवश्यकता ही नहीं होता। इसलिए इस फसल को "मरू प्रसार" हेतु उपयोगी फसल माना गया हैं। और इसका प्रमाण राजस्थान के थार मरूस्थल में प्रत्यक्ष प्राप्त हो रहा हैं। जहाँ सिंचाई की कोई सुविधाएँ नहीं हैं वहाँ इसकी खेती सफलता पूर्वक की जाती हैं।

फसल प्राप्ति :—पत्तियाँ ही इसकी मुख्य फसल हैं। जिस तरह मेंहदी की पतियों की ही उपयोगिता हैं, ठीक इसी तरह सोनामुखी की पत्तियों का संग्रहण किया जाता हैं। फसल उगने के बाद 45 दिनां बाद ही पौधे को जड़ से 6 इंच ऊपर से काट लिया जाता हैं। काटने के लिए तेजधार का हसियाँ काम में लेना चाहिए ताकि पौधे को इतना जोर से झटका नहीं लगे कि पत्ते झड़े। पहली कटाई के बाद पौधा फिर बढ़ने लगता हैं और 60–65 दिनों बाद कटाई के योग्य बढ़ जाता हैं। यह मुख्य ज्ञातव्य हैं कि इसकी कीमत पत्तों के हरेपन से हैं, ये फीके नहीं पड़े तदर्थ पौधे को काटकर साफ भूमि पर संग्रहित किया जाना चाहिए। यह संग्रहण का स्थान छाया में हो, नमी से दूर हो। नमी में या सीलन वाले स्थान में इस पर फफुंद लगने का डर हैं।

कटाई का समय दिनों के हिसाब से नहीं माना जाकर, पौधे की अवस्था को देखकर तय करे जब फूलों के स्थान पर फलियाँ बनने लगे। ठीक व समय इसकी कटाई के सर्वथा उपयुक्त माना जाता हैं।

इसके सूखे पत्ते मेहंदी की तरह ही झाड़े जाते हैं। यह ध्यान रहे कि झाड़ने से पूर्व नीचे तिरपाल बिछा लेवे ताकि पतियों व फलियाँ सुरक्षित रहे। धूल मिट्टी नहीं लगे।

पत्तियों व फलियों को इस प्रकार झाड़ना चाहिए कि पत्ते अधिक क्षतिग्रस्त (टुकड़े) नहीं हो उनमें डण्ठल नहीं रहे। कुछ लोग हाथों से झाड़ना अधिक सुरक्षित मानते हैं।

झड़े हुए पत्तों और फलियों को अलग–अलग कर–कर देना चाहिए। एवं अलग अलग बोरो में भरना चाहिए।

सोनामुखी से लाभ ही लाभ

सोनामुखी के कृषिकरण से प्रत्यक्ष अप्रत्यक्ष अनेकों लाभ गिनाए जा सकते हैं:–

1. अनुपयोगी, बेकार पड़ी भूमि में यहाँ तक कि रेगिस्तान की रेत में भी खेती सम्भव हैं।

2. बढ़ते मरूस्थलों की रोकथाम का यह अच्छा उपाय है। विश्व मरू प्रसार रोक दिवस (17 जून, 2006) आफरी के आयोजित, कार्यक्रम के अवसर पर यह बात शुष्क अनुसंधान के निरक्षक डॉ. आर. एल. श्रीवास्तव जयनारायण व्यास विश्वविद्यालय के कुलपति प्रो. लोकेश कुमार शेखावत, काजरी के निदेशक प्रताप नारयण आदि ने इस बात को संपुष्ट किया कि सनाय की फसल रेगीस्तान विस्तारण पर रोक में सफल हैं। यही कारण है कि जोधपुर, सोजत, पाली, बिलाड़ा, जैसमेर, बाड़मेर, फलौदी आदि में सोनामुखी की फसलें सफलता की पताका फहराती हुई निरन्तर लोकप्रियता बढ़ाकर अपना क्षेत्रीय विस्तार कर रही हैं।

3. पूर्णतया असिचिंत फसल होने के कारण सिंचाई से होने वाले समस्त व्यय बच जाते हैं।

4. इस फसल को भी ग्वारपाठे की फसल की तरह कोई पशु नहीं खाता, न पक्षीं चोंच डालता हो। अतः सुरक्षा व्यवस्थाओं पर किए जाने वाले व्यय की भी बचत होती हैं।

5. फसलों पर रोगों में होने वाले प्रकोपों भी आशंका भी इन पर बहुत कम रहती हैं। अतः अनावश्यक कीट नाशकों का व्यय की सम्भावना भी कम ही रहती? हैं।

6. गरीब किसानों को इससे लाभान्वित होने का अच्छा अवसर मिलता हैं।

7. इसे किसी प्रकार की खाद भी देने की जरूरत नहीं होती यह व्यय भी बचता जाता हैं।

8. पाँच वर्षो तक प्रतिवर्ष तीन फसलें लेनी होती हैं अतः किसान को वर्ष भर काम मिलता रहता है पलायन की आवश्यकता नहीं रहता आदि।

9. अन्तरशस्य फसलें जैसे फूल टमाटर आदि भी या दीर्घायु फसलें जैसे अरण्ड, जेग्राफा (रतनजोत) आदि से भी (यदि भूमि स्वीकार करे) लाभ उठाया जा सकता हैं।

सनाय, कतिपय औषधीय उपयोग

सनाय, मंदाग्नि, यकृत उदर रोग, अजीर्ण, उदरकृमि, पीलियाँ, (पाण्डू) आदि रोगों के लिए प्रभावी आयुर्वेदिक औषधि हैं।

सनाय एक रेचक अथवा विरेचक गुण सम्पन्न वनौषधि हैं। इसका मूल उत्पत्ति स्थान कुछ विद्वान लोग यूनान को मानते हैं। सबसे पहले इसका औषधीय उपयोग यूनान में हुआ था। यूनान से यह पौधा भारत में गर्म मसालों, सुपारी, आदि के व्यापरियों द्वारा भारत में पहुचाँ ! लेकिन कतिपय आयुवेदाचार्यों ने यह भी दावा किया है कि यूनानी हकीमों ने इसके औषधीय ज्ञान को विस्तार अवश्य दिया किन्तु इससे पूर्व चरक संहिता काल में इसका उपयोग किया जाना पाया जाता हैं। चरक संहिता काल आध्यात्म और भौतिक वैभवमय युग था।। इस युग में "दिशि देवतात्मा मालयो" नाम नगाधिरा" में उत्पन्न समस्त वनौषधियों एवं भारत के समस्त गिरि उत्तगों तथा पार्श्ववती अंचलों की वनस्पतियों का परिज्ञान न केवल आप्तजनों में ही, अपितु सर्वधारण जनता, यहाँ तक कि संथाल, भील आदि बनवासी जातियों में भी हो चुका था। वन्य जातियाँ कच्चा पक्का माँस भक्षण या अखाद्य पदार्थों का सेवन कर लेते थे तो वे कब्ज ओर अन्य उदर रोगों से ग्रस्त हो जाते थे। तब ते जिस जड़ी–बूटी के पत्तों से उदर शुद्धि कर लिया करते थे वह जड़ी–बूटी सनाय ही रही थी। आगे चलकर बाग्भट्ट ने, चरक और सुश्रुत का निचोड़ो का एवं अपने स्वयं के अनुसंधानात्मक अनुभवों का संग्रह किया, उसमें भी किसी रेचक–पत्रिय औषध का वर्णन हैं। वह निश्चित रूप से सनाय ही हैं।

मुगल सम्राज्य में आयुर्वेद की "संस्कृत–माध्यामिकता" नितान्त ह्रासोन्मुखी होती गई। आयुर्वेद में अरबी फारसी में अनेक मुफरदातों व करवादीनों का तर्जुमा हुआ। हकीमों का सम्मान वेद्यों की अपेक्षा बढ़ गया था। तब उन हकीमों द्वारा सनाय के गुण धर्मों ने, ज्ञान विस्तार प्राप्त किया, अतः यूनान से इस जड़ीबूटी के आने का भ्रम पाला जाने लगा। यूनान से यह जड़ी आती तो इसका नाम सनाय या सोनामुखी या सेन्ना न होकर कोई अन्य ही होता।

सनाय या सोनामुखी, वर्तमान में प्रचलित समस्त चिकित्सा पद्धतियों में प्रयुक्त की जा रही हैं। यह सुरक्षित कब्जनाशक औषधि हैं। इसकी जानकारी की बात मनुष्यों तक ही सीमित नहीं है, यदाकदा पशुगण भी कब्जी या उदर रोगों में इसका प्रयोग करते देखे गए हैं–जबकि कोई भी पशु इसे प्रायः नहीं चरता हैं।

'कब्ज' सामान्य रोग नहीं, अनेक–अनेक रोगों को जन्म देने वाला रोग हैं। समस्त रोगों की जननी कब्ज हैं। स्वाद के प्रलोभन में हम बार–बार मुँह में कुछ खाते ही रहते हैं जिसमें हमारे पाचन तंत्र पर दबाव पड़ता हैं। उसकी स्वाभाविक प्रक्रिया अनियन्त्रित हो जाती हैं। कहते भी है भोजन जीने के लिए किया जाना

चाहिए जबकि हम खाने के लिए जीवित रहना चाहते है। यही सोच हमारी हमारी समस्या बनी हुई हैं। दिन में केवल दो ही समय भोजन शास्त्रोचित ही नहीं स्वास्थोचित हैं। हाँ, दोपहर को अल्पाहार भी उचित माना जा सकता हैं। किन्तु बार–बार कुछ न कुछ खाते रहना पाचन क्रिया के प्रति अत्याचार हैं। और इसका इण्ड हमें प्रकृति अवश्य देती दे रही हैं।

बाजार में उपलब्ध मसालेदार खाद्य पदार्थों, फास्ट फूड्स, कोल्ड ड्रिंकस आदि आज सम्पन्नता का प्रतीक समझा जाता हैं। इसी गलत सोच का परिणाम हैं कि 100 में से 95 लोगों के पाचन तंत्र में खराबी और इसी खराबी का नाम हैं। अस्थमा, यक्ष्मा, ब्लडप्रेसर, ह्रदय रोग, मधुमेह, डिप्रेन्शन, कैंसर, अनिद्रा आदि। इसीलिए हर घर में कब्जीनाशक पाचन चूर्ण की शीशियाँ उपलब्ध हो जाती हैं चाहे वह कायमचूर्ण हो या कब्जहर। अनियमित भोजन के अतिरिक्त पानी की कमी भी कब्ज का कारण हैं। भोजन से भी अधिक आवश्यक तत्व पानी हैं। स्वास्थ मनुष्य तन में प्रतिदिन प्रायः 2,500 लीटर से 3 लीटर पानी का व्यय होता ही हैं। गुर्दो से 1500 ग्राम, त्वचा से 700 ग्राम पानी, फेफडो से 300 ग्राम और मल द्वार से 150 ग्राम पानी का खर्च होता हैं। पानी भी पीने का तरीका हैं–एक साथ न पीकर घूँट–घूँट पीना चाहिए जल प्यास लगे तब पीना चाहिए ताकि शरीर के तापमान अनुसार पानी की मात्रा मिलती रहे। पाचन तंत्र सही रहे।

औषधीय उपयोग

सनाय में मुख्य रूप से सेनासाइट–A व निनासाइट –B सनासाइट–C के अलावा पिनिटोल, ग्लूकोज मेनीटाल, पोटेशियम टर्टरिट आदि पाये जाते हैं।

सनाय कब्ज नाशक औषधि के रूप में मुख्यतया जानी जाती हैं। प्रत्येक प्रकार की कब्ज को दूर करने के लिए 'सनाय' चूर्ण बटी या रस एक सफल और सुरक्षित औषधि हैं। कोष्टबद्धता के निवारण हेतु निर्मित सभी पद्धतियों की औषध्यिों में सनाया का महत्वपूर्ण सहयोग रहता हैं।

कोष्ट बद्धता :–

● कोष्टबद्धता अथवा कब्जी के निवारणार्थ सनाय का पत्र का चूर्ण आधा चम्मच गुनगुन पानी के साथ सोते समय ले सेवन कर लेवे। प्रातः शौच खुलकर आ जाएगा। सम्भव है एक दो दस्त भी लग जाय। एक दो दस्त लगने से पेट की सफाई हो जाती हैं।

● एक माशा पत्तियों का चूर्ण, दो रत्ती पिप्पली चूर्ण के साथ शहद में चाटने से कब्ज दूर होती हैं। रात को सोते समय गुनगुने पानी के साथ लेने से भी प्रातः शौच खुलकर आता हैं।

■ ■ ■